진짜 그리움은
꺼내지도 않았다

세 번째 시집

진짜 그리움은 꺼내지도 않았다

서운근 지음

좋은땅

시인의 말

　시를 내보내려 하니 창밖이 신록으로 짙푸르다.
　그동안 끈을 조이던 시간 너머로 나는 그토록 짙푸른 신록에로 꿈을 날려 보낸다.
　수많은 날들 눈을 들어 그리워하였던 가치들 시의 날개를 빌려 세상 울림의 터를 다진다.
　이번이 3번째 시집으로 세상 어귀에 그을리는 속삭임이려 한다.
　서정의 묵시로 쓸쓸히 행복을 누렸던 시간들 그 어디 풀잎 하나, 꽃잎 하나 그저 허망하지 않았다. 거기에 시절이, 거기에 기다림이 나로 하여금 세상 소중한 눈을 뜨게 하였다.
　가만히 헤아려 보면 어떤 눈시울과 갈급함은 내가 시의 문밖에서 건넨 안부였고, 희망이었다.
　진짜 그리움이란 것, 나의 가슴 속에 사무치고 있거니
　그 무엇으로 표현하여도 다 꺼낼 수 없는 진력의 몫이다.
　그리하여 세상 낮추어 바라보면 그 높이로 그 깊이로 울먹거릴 세상이다.
　거기 모든 진정한 사랑을 독려하고 함께 나눌 진솔한 다짐들
　나의 시어 속에 거류가 될 것이면
　나는 시인의 본분으로 만족하겠다.
　언제고 분연한 세상살이 그쯤에서 잠시 사색의 종용이 될 것이다.

그렇듯 그 시를 쓰는 과정에로 모든 조력자들의 기도를 기억한다.

사랑하는 아내, 자녀들 모두가 긍정의 초석이 되었다.

다시 내다보는 나의 시적 바람, 세상 그 어느 어귀에 깊은 침잠의 부엽토가 될 것이면 나는 시의 깊이로 외는 만족으로 더욱 행복하겠다.

실로 위로부터 내리는 은총에 대하여 깊어지는 나의 시선,

그리운 날에 그날을 꿈꾸며.

2025년 8월 어느 날, 소원의 그늘 아래서

서웅근

차례

시인의 말　　　　　　　- 4

제1부
물의 기억은 어디쯤일까

라다크	- 18	무기질	- 40
길	- 20	수선화 향기	- 41
바람 소리	- 21	푸른 날개	- 42
낡은 의자	- 22	동해	- 43
추념	- 24	선인장의 기억 1	- 44
가을 편지	- 26	항구	- 45
길섶에서	- 28	맑은 강	- 46
세상의 시	- 30	남해의 세상 어귀	- 48
가을걷이	- 32	갈대에게 물었다	- 49
물의 기억은 어디쯤일까	- 34	물망초의 그 사랑	- 50
그곳으로	- 35	해국에게	- 52
겨울나무	- 36		
녹슨 흔적	- 38		
고요한 메아리	- 39		

제2부

나의 외로움, 나의 그리움

바람의 꿈	- 54	주목나무의 세월	- 70
소금나무	- 55	하얀 시	- 72
프라일레혼(frailejon)의		당매자나무	- 73
눈망울	- 56	백련, 홍련, 수련	- 74
송림의 기억	- 57	해국의 꿈은 어디 갔나	- 77
사월이 하는 말로	- 58	호박꽃	- 78
사량도	- 59	바람의 연가	- 80
기암괴석	- 60	알락귀뚜라미	- 82
달빛 섬	- 62	데스밸리(Death Valley)	- 84
솔아, 푸른 솔아	- 63	광치기 해변에서	- 86
나의 외로움, 나의 그리움	- 64	메밀꽃 필 부렵	- 88
구름이 외는 소리	- 66	장미의 사랑	- 90
벌새의 울림	- 67		
능수버들의 봄	- 68		

제3부

세월의 강

밤의 향연	- 94	물 위에 뜨는 시	- 125
떠나온 그날	- 96	튀르키예에서 만난 포도밭	- 126
그날이 오려나	- 98	바늘꽃	- 128
박꽃이 더욱 새롭다	- 100	수평선의 꿈	- 129
기억	- 102	물결	- 130
물새	- 104	그리워한다는 것	- 131
파란 나팔꽃	- 106		
고마리꽃	- 108		
세월의 강	- 110		
여정	- 112		
비	- 114		
물봉선 3	- 115		
눈물의 밥	- 116		
수박 넝쿨	- 117		
바람의 얼굴	- 118		
꽃의 소리	- 119		
구름의 강	- 120		
고독의 연민	- 122		
바다의 눈물	- 124		

제4부

소쩍새 우는 밤을 기억하나

윤슬	- 134	코스모스 시, 둘	- 166
작은 섬	- 135	낙엽 밟는 소리	- 168
너의 비단풀	- 136	시간도 비에 젖다	- 169
갈대의 꿈	- 138	초승달 4	- 170
동백섬에서	- 140	가을 이야기	- 172
쭌묘	- 141	새벽	- 174
호수 위의 삶	- 142		
옛날의 금잔디	- 144		
백야	- 146		
마천루	- 148		
들장미	- 150		
옛 고성(古城)의 향기	- 151		
10월의 고백	- 152		
괜찮아	- 154		
바위솔	- 156		
구름에는 지진이 없다	158		
파묵칼레의 추억	- 160		
소쩍새 우는 밤을 기억하나	- 162		
수박과 참외	- 164		

제5부

나무여 너도 시를 읊어 다오

두견새의 밤	- 176	너덜지대	- 204
장다리 물떼새	- 178	개기월식	- 205
사막의 장미(석화)	- 180	망초꽃 사랑	- 206
나무여 너도 시를 읊어 다오	- 181	가시를 짊어진 꽃	- 208
맹그로브 나무에게		갈대는 말한다	- 210
그리운 말	- 182	실버들 애수	- 211
구계등의 노래	- 184	이슬의 꽃	- 212
기린의 삶	- 185		
소라게	- 186		
홍매화 3	- 188		
고독이 말을 할 때	- 189		
봄 마중	- 190		
야생초	- 192		
달빛 호수	- 194		
다도해	- 196		
가로등	- 198		
별이 잠들 시간	- 199		
개미취	- 200		
집시들의 언덕	- 202		

제6부

청산의 메아리가 아름답다

별빛의 바다	- 214	계절 띄운 찻잔	- 242
애증의 거리	- 216	홍가시나무 아래서	- 243
칠레 홍학	- 218	화살나무	- 244
노랑나비	- 220	동백이 피었네	- 246
꽃마리	- 222	제비꽃 틈바구니에 피다	- 247
등대풀	- 224	저녁으로 가는 새 2	- 248
솜방망이	- 226		
나물 식탁	- 227		
봄날이듯	- 228		
비빔밥	- 229		
상승기류를 타라	- 230		
양귀비	- 232		
스펀 출렁다리	- 233		
콜로세움이여	- 234		
루피너스	- 236		
안개	- 237		
청산의 메아리가 아름답다	- 238		
민들레 씨앗	- 240		
금성산 찔레꽃	- 241		

강은 흐르며 무엇을 쥐어짜나

몰래 핀 수국은 누구의 편이나	- 252
꽃의 망루로 저편이 더욱 그립다	- 253
강은 흐르며 무엇을 쥐어짜나	- 254
모래 위의 꽃	- 255
유달산 서시	- 256
팔천협에서 9	- 257
태항산 아래서 9	- 258
북경의 인력거	- 259
흑단나무 3	- 260
천문산, 천문동에서	- 262
해시계	- 264
싸리나무꽃 피었습니다	- 265
갈대 무성한 개여울에 맑음이 도랑 친다	- 266
물의 깊이	- 267
사막의 짠맛	- 268
쑥부쟁이 사랑	- 269
토끼섬	- 270
니이레 바뚜나무	- 272
주목나무	- 274
바람의 언덕을 왼다	- 275
메콩 강은 흐르더라	- 276
섬이, 섬을 말할 때	- 278
꽃빛 눈물 한 모금	- 279
무릇	- 280
은빛 날개	- 282

제8부

바다 위를 걷고 있었다

채석강의 상념	- 284
두 번 피는 패랭이꽃	- 286
엉겅퀴 꽃에게	- 288
석류꽃이 필 무렵	- 290
바람의 낙서	- 291
호수의 연가	- 292
담쟁이	- 294
진짜 그리움은 꺼내지도 않았다	- 296
바람꽃	- 298
가시칠엽수(마로니에)	- 300
바다 위를 걷고 있었다	- 302
풀피리	- 304
삼판배의 여력	- 305
추억의 값	- 306
세랑지의 4월	- 308
바위채송화 2	- 310
생오지에 가니	- 311
코딱지 꽃	- 312
우도 전망대에서	- 314
야자나무 가로수	- 316
타이루거 협곡	- 318
파도	- 320
가을이 낚이고 있다	- 322
바위의 기억	- 323
차차르간(비타민 나무)	- 324

흔들려도 꽃이다

달아 공원에서 - 326	돼지감자(뚱딴지) - 358
옥석(대만 옥돌 공예 전시장에서) - 328	바람의 포구 - 359
돌매화 7 - 330	흔들려도 꽃이다 - 360
여인이여! - 332	엉겅퀴의 주소 - 362
메콩 강 2 - 334	자이언트 대나무 - 363
이별 - 336	극동의 외딴섬(사할린) - 364
해안 절벽 길(행남 등대에서 도동항 가는 길) - 338	바람이 달리는 길 - 366
빈집 전세 - 340	홀로 핀 꽃 - 368
작은 인형 - 342	
아로새김 - 344	
녹차 한잔 4 - 346	
무명초의 비애 - 348	
해송 - 350	
가을 새 - 352	
억새 사리문 - 354	
간헐천 2 - 356	
바람의 역설 - 357	

제10부

낙엽 쌓인 길로 깊어지는 그리움

낙엽 쌓인 길로	
깊어지는 그리움	- 370
밥 한술	- 371
흰개미집	- 372
산 여울	- 374
골목길 낙서	- 376
경계선의 역설	- 377
못다 한 내 사랑	- 378
레몬그라스(lemon grass)	- 380
바이칼	- 382
꽃이 와서	- 384
베수비오 화산(이탈리아)	- 385
흰꽃나도샤프란	- 386
솔바람	- 388
무화과	- 389
수크링	- 390
슬픈 메아리	- 392
가을 은행지기 앞에서	- 394
들국화 언덕에서 3	- 396
홍시	- 397
철새에게 돌아오는 것	- 398
그대에게	- 400
시계 꽃	- 402
눈물의 그림자	- 403
고독의 문양은 있는가	- 404
해바라기 꿈	- 405

제1부

물의 기억은 어디쯤일까

라다크

한 줄기 물길을 따라 푸르고 맑다
소원이라고 하겠다
아주 오랜 기억의 장 그 넓이로 외고 외는 저 순수,
얻은 것이 없다 하여도 얻은 것이 충분하다
상념의 가치를 망각하고서는
도무지 이해할 수 없는 저 숨 가쁨 속에 평온,
유심히 넌지시 사랑하였다
저 무언의 무구함과 가도 가도 그 샛길
벼랑의 낭만으로 지켜 낸 길
어떤 나그네를 부를까
장엄한 산맥을 한길 빌려 그려낸 갈림길마다
천여함이 두드러지지 않고는 도무지
밝힐 수 없는 저 고중의 꽃,
바람 여울로 숨 고르기 끝에 피어난 향유다
그렇게 라다크, 마카벨리
어찌 가서만 알 수 있으랴
보여 준 기다림, 그 그리움,
거센 바람결에 닳고 깎이어 버티며
넓은 저 멀리 높은 저 멀리
그렇게 새겨 둔 너와 나의 가치,
아직도 나아갈 저곳으로

세상은 그렇게 염원의 길로
내심 아름다운 읊조림
깊은 고뇌 속에 채운다

* 인도 라다크 울림에 부치며

길

오는 길 따라서
가는 길 따라서
마음도 오고 가는 그리움이다
어디로 가는 사람,
어디서 오는 사람들,
그리고 또 길을 재촉하여야만 한다
이토록 애끓는 나그네 길은
삶이라는 형상으로
세상 굽이굽이 여울이 진다

무구한 세월 자락엔
젖은 흔적이 배어나고
뿌리 깊은 고향의 흔적마다에
양지녘 포근함이 묻어난다

길 위에서 길을 묻는 여정 길
생애 여력이 다하도록까지
인생은 길 위에 꽃이 되었다
그 신비로움의 세상은
비로소 아름다운 테를 둘렀으니
소리 없는 행복이 소박이 내린다

바람 소리

귓가에 여울져
휘어지는 바람 소리는
얼굴 감춘 정이다
예전에서 지금까지
그렇게 언제나 쇠하지 않는
한결같은 정으로 온다
그것은 먼먼 그리움의 기별
삶의 풍경 소리는
그 선율에 매달아지는
아득한 주마등이다

그 감촉에 후벼지는 꽃들은
주름 없이 세상을 수놓고
고운 풍경을 가꾸었으니
바람 소리 부산스러움은
시절을 일깨우는
무수한 날의 사신이었다

낡은 의자

주인은 정해져 있지 않다
오직 누가 쉬었다 갈
긴긴 기다림만이 있을 뿐이다
여로에 지친 나그네로 깊은 상념을 위해
그리고 깊어질 사색을 위해
그렇게 오래도록 낡은 의자엔
지고한 염원이 짙다

가끔은 새들도 주인이 되고
바람 속에 고적함도 주인이 된다
하지만 그것도 그렇게 오랜 주인일 순 없다
그저 쉬어 갈 뿐이다
그 누구의 여운인지 알 수 없지만
닳고 닳아진 흔적 속에서 돋우었을 행복스러움이
저마다의 가슴에 선물이었으리라

세상 어느 해 아래라도
누군가를 만나고 사는 날은
행복감이 피어나는 것이다
저마다 기다림이 되어 주고
포근한 안식이 되어 주고

그 평화스러움의 주인이 되어 준다면
남루한 인생이라도
그 향취는 짙고 짙으리라

추념

억새가 바람결에 흐느적거리며
쓸쓸한 가을 시어를 낳고 있습니다
어느 공사장 트럭에 실려 쌓여진
흙무더기 그 뿌리내림 속에
그렇게 풀씨의 비애를 담음이지만
이렇게 피어난 하얀 꽃무리는
실로 가을의 낭만을 지피는 여로입니다
모든 것은 잠시 머무름 하고
떠나갈 그 자리에 있는 과제들,
현재는 현재를 가다듬을 뿐 머물지 않습니다
멀어져 간 저 과거 속으로 쉴 새 없이
그 깊고 고적함에 스며들고 맙니다
그 어디에 쌓여져 있음도 아닌데
또 그 어디에 남겨짐도 아닌데
보란 듯이 떠나가 버리는 현실에
휑하니 부질없었던 욕망을 채질 받습니다

어제도 잡지 못한 몸부림이었고
오늘도 그저 부여받음의 일로이지만
진정, 그 감회를 피력하지 못했었습니다
먹어도, 먹어도 만족이 없는 세상,

누려도, 누려도 충족이 없음은
그것이 나그네의 뼈저린 아픔입니다
그래도 그 자체로 소망이 있노라고
얄팍한 욕망의 옷을 기워 입었으니
저 이름 없는 들녘 흙무더기에
그저 뿌리내려 지피는 억새의 시어를 두고
가슴 시린 여정을 일깨움하며
자지러지듯 부르는 소리를 긷습니다

가을 편지

편지가 왔다
봄, 여름이 지나고서
가슴 가슴으로 읽힐
고운 낙엽 편지가
바람결에 들려왔다

한 잎 한 잎
손에 쥐어 보는 것마다
모진 비바람 이겨 낸
긴긴 기다림의 애틋함이
그윽한 향취로 묻어난다

이 기별에
철든 사색을 견주고
진솔함을 거두며
바스락 바스락 길을 따라
갈색 낭만에 젖는다

이제 낙엽 편지로
바람결에 마지막 들려지면
더욱더 가까워질 겨울 녘,

나는 진한 그리움으로
마음속 두터운 외투를 삼겠다

길섶에서

이름 모를 작은 풀꽃
길섶에 나앉아
무슨 숨은 얘깃거리다
아무래도 고운 염원
그 다짐이란 듯
바람의 기억 뒤적거린다

이맘때면
어김없었던 꽃잎
아니면 사뭇 할 말 무뎠어라
그 화사한 화젯거리는
도돌도돌한 흔적처럼
그리움 묻어난다

어느 누군가는
저 한 묶음 둘러메고
어여쁜 소식의 길 떠나겠다
저 꽃은 여기 있어도
사연은 아주 멀리서
풋사과마냥 읽히겠다

아- 아 꽃잎
비록 떨어질지라도
저 아름다움 어디에 비길까
그래서 저 풀꽃은
바람결이 비밀스레 쓸어 모으던
길섶 은은한 추억이다

세상의 시

오래전 형성된 텃밭에 시가 자란다
거기엔 시의 바람이 불었고 시의 비가 내렸다
사람들이 시를 밟고 걸어갔다
사람들이 그 시의 소리를 듣고 살았다

누구는 영문도 모른 채 시를 심었고
또 누구는 그 시를 뽑았다
그래도 언제나 약속처럼
시의 감성은 세상을 흐르고 있었다

그 오래된 텃밭에
시의 꽃이 피었고 시의 눈물이 글썽거렸다
언제나 계절은 정직하게
그 시의 희망과 기다림을 주고받았다

지금도 그 시는 자라고 있다
그 오랜 시간의 밑거름을 북돋우며
절절한 시의 세계를 엮고
그 시의 의미들을 새겨내고 있다

그렇게 무심함 속에 시가

말 못 하는 냉가슴 아우르듯
그 상처 입음 다독거려질 때
그 시는 비로소 웃었다

세상의 시간이 나를 묻는다
나를 물끄러미 바라본다
비바람, 눈보라, 광풍, 그 한 설움 품고서
지금 세상의 시는 나의 대답을 바라고 있다

가을걷이

그런 날이 한두 해가 아닌데
우린 남모르는 기억처럼 살아서
바야흐로 세월의 주름을 타고 뒤척였다
말하고자 하는 것이 어김없이 쏟아져
사막의 흔적을 남긴다
그 자리엔 농심의 자유가 말했다
최소한의 기본은 지켜야 한다는 것을
샛별처럼 떠오르는 그리운 기억은
흙냄새 가득한 날의 원기,
촌로의 허리가 다 휘어 굽도록까지
땅의 예의는 거스르지 않았다
가을걷이, 그곳
얼마나 많은 창이 열렸나

땅은 말이 없다
아스라이 멀어져 간 날들이 그 말이다
허름한 창고에 모아진 낟알이
어찌 부가가치로만 창출되는 몫이던가
무릇 생존의 수신호를 담고
이지러질 듯 다그쳐도 그 고스란한 역사는
땀의 대가를 어루만진다

이 꽃, 저 꽃, 곱던 날의 결실
온갖 결실의 향연이다
신식 탈곡기를 조절하며 사무친다
삶이여, 하는 외침처럼
주름진 이력서를 또 한 줄 더 남기며
광야의 극점을 지킨다

물의 기억은 어디쯤일까

그 한 번쯤의 가시거리 재고 있을까
그렇게 흘러가는 이유라고
맑음과 부드러운 감촉으로 내쳐서
온갖 시름의 시절로 소용돌이 귀띔이 되어
그렇게 가까이 흐르는 어디쯤일까
거기서 세월이 돋보이고
거기서 바쁨이 돋보이고
그래도 여전한 물의 기억,
그렇게 스며들고
또한 모락모락 피어오르고
세상을 두루 적시는 물,
그 투명한 깊이로
다시금 엿보는 영롱함,
하늘이 비치고
풍경이 비치는 비결로
물의 기억 그 어디쯤,
나의 기억 풀어 둔
그 목적지를 왼다

그곳으로

사라져 간 곳에서
사라져 감이 드러났다
감흥에서 감흥으로 흐르는 곳
여전히 이어내는 기나긴 시름의 천거
바람 속에 꽃이다
아직 뭘 그리워하듯
애증의 발길 닳고 닳도록
표상에 사무치는 기별,
그 기척으로
무구한 세월의 벗이다
서막에 정성이 깨어났다
다시 아픔으로 깨어났다
다시 훤칠한 메아리다
콜로세움,
로마 원형 경기장,
바로 그곳으로
헤아림 깨어났다

* 고대 로마 풍경에 부치며

겨울나무

골 깊음 속에 깨어난 심호흡이듯이
스치는 바람결에 서 있는 나무
나의 겨울나무다
그것은 일찍이 무정함을 달래며
세상의 인정이 쓸어내려
그렇게 서글픈 나무,
눈을 뜬 나무다

하지만 그토록 쓸쓸함 속에서
부랴부랴 가다듬었던
어린 헤아림의 발자취,
나무는 그렇게 시린 경청이듯이
고인 눈물의 값을 펼쳐
그야말로 외로운 흥정,
그 고독한 나무다

하지만 우직한 나이테를 품었으니
누가 묻거든 그렇다고
아니, 이렇다고
짙푸른 침엽수의 갈채를 두고
아득한 밀월의 속삭임,

끝내 줄지 않았다고
무릇 서성이는 나무다

그렇게 세월 닳아도 닳지 않을 그곳으로
내쳐 가리키는 시선의 그리움,
봄, 여름, 가을, 겨울, 그 여실함 속에
시절 한 번도 주저하지 않고
거기 감촉으로,
느낌으로 있는 묵객으로
시린 경청의 나무다

녹슨 흔적

아주 오래된 흔적이
현실 속에 머뭇거리고 있습니다
언제부터였을 염원 속에
현실의 정이 피어나고 있습니다
꿈을 찾아 가는 사람들과
그 꿈을 두둔하고 돌아오는 사람들,
모두가 매한가지는 설렘입니다
햇살은 고루 내리고
겨울 찬바람은 스쳐 가고
한 날이 피었다 저물어 가는 녘,
하룻길 여정은 숱한 이야기로 쌓였으니
모두가 챙겨 가는 잔재물들은
내일의 피울 몫으로
마음 마음에 들려 갑니다
삶의 녹슨 흔적은 철길 같습니다

고요한 메아리

넌지시 형상으로 갖추어져
그때, 그 고요함 속에 우두커니 메아리다
서려 닻이 되었을 그때, 그 아픔,
지금도 팽팽하다
세상 거류가 되어
그 울림 잦아들지 않는다
이끼 낀 세월이 부르짖는 소리다
그때, 그 여운 품고
어떤 역사의 바로서기 내밀 듯
오랜 기억의 무언,
고요 속에 내걸린
우직한 메아리다

* 고대 유적의 풍경에 부치며

무기질

생애 맛을 말하고 싶을 때
사랑을 생각한다
살아생전 누리는 가치 아니던가?
한세월 주어진 그 몫으로
그윽한 발아의 향기를 풀어내는 꽃빛의 진리로
세상의 무기질 건강하겠다
서러운 이별이 어느 순간 환희의 여운이기까지
세상길로 다져지는 무기질,
기억의 바람으로 소중하리라
애끓는 정점의 순간까지
너와 나의 무기질은 준엄하다
그토록 맛으로 말하기까지
더욱 뜨거운 사랑을 말하리라
영광의 맛이라고 하리라
곰삭힌 무기질,
영혼의 자양분은 어떤가?
꽃이 피는 몫으로
영원한 가치다

수선화 향기

그리운 심원의 향기다
바람 속에 여미는 그윽한 향취의 숨결로
어느 그대의 고혹한 사랑이런가
거친 헤아림의 지경을 깨어나 일어선 순수한 시선,
어찌 낭만이 무색하랴?
지난 시름 탓하지 마라
세상 바로서기 그 아름다운 발현이다
그토록 행복 가까이다
원함의 시간이듯
너와 나의 사랑이듯
어느 그대의 몫으로
여민 순수,
더욱 언약이다

푸른 날개

날지 못하는 푸른 날개
세월의 깊이를 풀어내고 있다
그토록 푸른 날개는 땅에서 움트고
단단하게 피어올라 광야로 음성의 깊이를 남긴다
날지 못하는 날개라도 누군가에게 새겨져
깊은 여운의 갈채로 뒤안길 축복이 되는 것
그것은 세상 읽히는 회복의 기척이다
거기엔 천국의 꿈이 서려 있다

다시는 쇠함도 없고 스러져 감도 없는,
그런 곳으로의 깊은 날갯짓
반향의 시선 갖추었다
척박한 곳에서 끝내 일어선 기개
사유의 길모퉁이 휘돌아 짙푸르다

날지 못하여도 날갯짓의 증거
세월나기 꿈의 진력이다
그것은 세상 얹어진 담론의 영광,
길이길이 빛날 언약의 날갯짓이다
그토록 짙푸른 증거다

동해

바다의 흔적이 구슬프다지만
한 번도 꺾이지 않았을 기별의 파도 소리
그리운 위안의 꽃빛처럼 그을리는 갯바위 너머로
엿보이는 아득한 여울이다
거친 바람 소리 그 어디로 향하였느냐고
해안선 굽이굽이 솔숲의 깊은 등 짐에 새기듯
방향의 바다로 나아갈 길
동해의 수평선 그립다
저마다 그리운 이름 하나쯤,
곶의 표상이듯
추억 긷는 값어치로
잊혀 갈 사랑 하나,
해국의 여운 가까이다

선인장의 기억 1

사와로 선인장, 너는 거친 사막에 일렁이는 휘파람이다
가만히 여쭈어 깊은 울림의 그 고결한 소리랄까?
쉬 들리지 않아도 쉬 사라지지 않는 그 소리,
언약의 땅을 지경하는 헤아림이다
스쳐 지나간 바람의 길 넌지시 여며 두고
어느 생애 고달픔이 저미어 갔을 그 여운의 정점,
그곳으로 바람이 되었을 그 길,
하지만 애달픈 이슬이 고이고
맑디맑은 시선의 비밀로 아득한 꿈의 속삭임,
그런 사랑이 결코 아름답다고 할까?
사와로 선인장, 너의 기억의 창가로,
해 아래 고달프고 서러운 멋,
척박한 터에 꿈이다
그토록 바람이라는 시그널의 가치,
질긴 생명력의 몫으로
가까이 울먹거릴 사랑이다
하여, 한 줄기 위안의 갈채
여명의 봄빛으로
광야에 등경 갖춘다

항구

호젓한 갯내음이
항구의 정으로 다가온다
그저, 멋 부림이 없어
진솔함이 베인 아름다움이다

거친 항해 길을 마치고
한 숨 돌리는 듯이
항구의 구슬픈 정박은
애달픈 삶의 여정을 읽혀낸다

정처 없는 망망대해 그 깊은 세계에서
기적적으로 건져진 온갖 어족들,
구릿빛 얼굴, 그 손끝에서
삶의 행복으로 피어났나니
갈매기 깃들이는 벗을 삼아
질퍽한 삶을 외면하지 않는다

이별과 기다림이 남다른
항구의 일념이라면
오랜 선율의 낭만을 품은
소박하기 그지없는 풍경이다

맑은 강

맑은 강
봄빛 새겨 흐른다
가도 가도 그토록 갈 길 맑은 강
계절의 뜻을 품고 또 품어 이르며
굽이굽이 고향 길 휘돌아 흐른다

강어귀에 짙푸른 꿈들
봄바람에 청청함을 더하며
길이길이 빛날 사유의 기억
바람 속에 뜻을 더하며
맑은 강 거울 일삼는다

맑은 강
흐름 가득한 세월의 일기다
천연히 거들어 외고 또 욀 기억
높은 뜻이 발휘될 터
강어귀에 소원 적신다

맑은 강
지고한 바람 되어 흐르니
엿보아 거둔 그 이유

하늘 아래 더욱 축복이다
그토록 맑은 강 흐른다

남해의 세상 어귀

비탈진 터전이여,
언제부터였으리라
지음 받은 지경을 딛고
삶을 꽃피우는 기슭,
그 아래 바닷물결 기나긴 세월에
애끓는 염원이었으리라

하늘 아래 세상은 그 어디엔들
오랜 평안이랴
지치고 쉬고 바라고 구하는 날들은
진한 회한으로 남는 것
그러기에 돌을 새겨 향한 고백이
아름다운 소망이리라

이제도 꿈이 아닌
현존의 풍경으로 외진 섬 자락
바람과 구름 넘어 널
다랑이 논밭 일구는
생애 이랑이 이채롭기만 하다

갈대에게 물었다

문득 다가선 발걸음 내비치며
갈대에게 잎새 이는 꿈을 물었다
어쩌면 시간의 경점을 타오르는 바람이었다
서걱서걱 갈대 이는 몸부림에게
나는 그렇듯 그리운 경로의 사유를 물었다
이미 한사코 깊어지고 있었다는 침잠의 아름다운 고독
가슴앓이 행복이라는 것
가을바람에 나누어짐이라고 여겨 새롭다
나는 다시 갈대에게 물었다
수천 수억만 잎새 이는 기도,
그렇듯, 그렇듯, 내 가슴에 사무침이라
가히 그럴 것이 아니었냐고
초야로 꺼낸 움집의 깊은 화술,
궁극의 내레이션이라는 것
가만히, 가만히 나그네
가히 침묵이어라

* 2024년 11월 7일 순천만 갈대에게 있어서

물망초의 그 사랑

작은 꽃송이 여려
손에 쥐면 애틋한 그 꽃잎
그 사랑이 알듯
그 사랑이 느낄 듯
여련이 밝힌 소원의 진실
한사코 외로운 기억 채우려 한다

일컬어 다짐의 꽃이라면
엿보아 속삭임의 정이라면
그 행복이 알듯
그 고백이 알듯
애끓는 연민의 중심 어린 낭만
기꺼이 내비쳐 해맑다

스쳐 간 시간의 굴레를 두고
즈려밟는 그리운 까닭의 증거라면
바람 곳으로 읽고
저만치 밀려옴으로 읽고
가까이 부요함의 진실 기워 내리니
언약의 다짐은 눈시울로 가하리라

저토록 순수 무구한 꽃송이
가슴에 새겨 애틋하려니
그 마음이 알듯
그 가슴이 알듯
변하지 않는 염원의 안부적인 발현
헤아려 두 손 모으리라

해국에게

어느 바닷가 바위틈에 집을 짓고
바다 쪽으로 꽃빛 창을 열어 두고
하염없이 밝히는 그리움의 꽃이여!
언제고 실려 오는 짭짤한 문안에 눈떠서
고운 향기로 화답하는 해국이여!
어느 그리운 마음 가닿고
그 뜨거운 열망에 가닿고
정녕 깊은 고독에 가닿을 꽃이여,
저기 먼 수평선 가까이에서
파도 소리 견주어 들려올 소식 잊지 않았으리니
섬으로 깃는 쓸쓸한 그 배회 행복이라고 하리니
꽃을 읽는 어느 마음에 다시 꽃이 되었어라
검게 그을린 그 처지에서 다시 눈뜬 나그네 심사
너의 해국으로 얻는 정념
아름답다 하리니
그런 소원에 더욱 소원이듯
끝내 섬 꽃 지켜라

제2부

나의 외로움, 나의 그리움

바람의 꿈

꽃이 되어라
향긋함이 되어라
아픔을 보듬고서
기쁨을 보듬고서
바라는 그 꿈
영원의 깊이로 가꾸어라
언제였다고 허투루 여기지 마라
그리운 이야기
거친 바람결이라고 사위어졌으랴
이 땅에 메아리
섣부르게 잊어버림인가
다시금 에둘러 바라는 그곳으로
너, 흔적이여!
꽃으로 피어나라

소금나무

의미 있는 나무
짭짤함이 배어 있는 나무
어떤 세상이라도
그렇게만 간을 맞추면 삶의 맛이 날 것을
가까이에 정을 두고
일컬음의 자리로
뿌리 깊은 나무가 되면
깊은 산중의 바다로
암염의 못으로
소중한 기별이 될 것을
나무는 푸르고
올망졸망 열매를 맺으며
속 깊은 짠맛
숲의 비밀로 여문다

* 일명 붉나무, 짠맛을 품고 자라는 나무

프라일레혼(frailejon)의 눈망울

척박한 그곳에
그리운 눈망울 곱고 곧게
세상의 하루 응시다
고독한 바람의 부요함 겹겹이 간추려
그토록 여쭘의 풍경,
소원의 날들 아름다운 헤아림의 몫으로
그렇게 뿌리 깊어라
세상은 누려 버티고 선다는 것
경이롭고 황홀하다
낙담하지 마라
넓은 꿈으로 서라
흔적의 터를 가졌으니
숭고하지 않더냐
그것은 약속이라
기다림의 목도라
높은 그곳, 프라일레혼,
꽃으로 말하려한 고고한 시선
바람의 꽃빛 가다듬어라

* 프라일레혼: 콜롬비아 에콰도르, 베네수엘라 등지 고산지대에 서식한다.

송림의 기억

푸른 눈동자 지그시 뜨고
세월의 글 마당
곧이 아득한 기억으로
여쭘의 귀로 우직하다
그야말로 당당함이란
곧게 뜻을 짊어짐의 어운
그리운 바람결이다
세월 아무렴이라 하였을까
바다가 엿보이는 곳에
마디마디 여뭂,
사색의 값으로 묵직하다
수런수런하다

* 하동 송림공원에서

사월이 하는 말로

나는 듣겠노라
가슴 깊이 새기노라
사월이 여쭈는 몫으로
저 나무 연초록 창가에서
저기 꽃빛 창가에서
애끓는 몫으로
새들의 이름 부르리라
세월 거슬러 서서
아직 남겨진 그 자리
여운과 낭만과 연민 더불어
그 외로움, 그리움
가슴앓이 외리라
하여, 사월이 하는 말로
귀띔의 그 사랑 영원하다고
어둡지 않다고
사월을 다짐하노라

사량도

나는 그곳에 서 있었지
오밀조밀 섬, 섬들 바라보며 서 있었지
그토록 외로워서 섬이라고
그 이름 다시 한번 불러 주었지
그 언젠가 세월 두고
기다림에 이끌려 올 것이라고 하였을
섬, 섬들
나는 그 사량도 품안에 있었지
어렵사리 잠시 추억이라도
먼 훗날에 값으로
회한의 그리운 흥정의 부요함
그 깊음으로 서 있었지
나는 그곳에 해국의 꽃빛처럼
헤아림의 눈시울이었지
나는 거기 서 있었지

* 통영, 사량도 추억을 두고

기암괴석

그만큼 척박한 곳이 있을까
그토록 깎아지른 곳
그래도 바람결의 고결한 정념은
한 치의 발붙임이랄까
기암괴석의 눈시울이려 하였나
짙푸른 새싹의 기염,
절경의 전율로 서렸으니
산을 보아라 하였을 그 위용의 절개
발아래 세상이 새롭다

무한의 상념이 청청함에 깃들어
우직한 어깨를 내주듯
사색의 짐을 짊어지려 하였나
세상 거침없는 모순까지
무구천년의 응시로 그 향함의 시선
일컬어 일깨우나
두드러져 결실이 되려한
누림과 얻음의 귀로
기암괴석이어라

그 어느 흔적이란

모든 그곳의 발현으로 있는 것
그렇게 세월이 빛날 것이면
그토록 고요의 깊이로 우뚝 솟은 형언
시선 가고 마음 갔을 터
거기 희망 하나 얹어 둔 이유
푸르게 여쭈는 몫으로 돋보이는 기도여,
기암괴석의 향유랄까
유심한 표상의 방향이라

달빛 섬

섬,
너는 달빛이다
짙푸른 바다에 떠 있는 달빛이다
물결이 부서지는 그곳
그리운 달빛이다

섬,
거기 아득한 그날
짙은 그림자 가꾸는
그 애달픔이다
수많은 갈매기 별빛 외는 곳이다

섬,
거기 깎이고 깎이어
거기 허투루 아닌 진지한 훤함이다
거친 숨결의 바다에 애증으로 빛나는 그 섬,
너는 그 빛이다

솔아, 푸른 솔아

솔아, 푸른 솔아,
깊은 묵상의 깊이로 늘어뜨린 해 그림자
뿌리내린 그곳으로 읽혀
울창한 속내를 가꾸었구나
빗대어 보면 세상을 그렇게 말해야 한다
어떤 울림의 여울이었을까
솔아, 푸른 솔아,
까칠하게 드러낸 듬직함 속에서 방향이 새롭다
살아 숨 쉼의 목적을 본다
바람 여력의 속삭임을 엿듣는다
푸른 회복의 기억 걸쳤거니
비바람 눈보라,
거기 더 쓸쓸한 경우라도
솔의 등잔은 밝다
꺼지지 않았다
훤함이여

나의 외로움, 나의 그리움

나는 외로워서 들꽃을 사랑하였습니다
거기 눈물의 고독을 읽었습니다
그토록 이름 없는 그곳,
아직 못다 한 이야기라고
꽃빛의 연민 속삭였습니다

나는 쓸쓸함 속에 영광을 사랑하였습니다
그 꽃의 뿌리내림을 어쭈었습니다
그 꽃은 향기로움 내처
척박한 땅 돋우어
모름지기 웃었습니다

나는 가시밭의 향기를 맡았습니다
거기 처절함 속에 두리번거리는 기다림을 보았습니다
소원을 두드렸고
깊은 희망을 두드렸고
염원의 부요함을 남겼습니다

나는 그리워서 들꽃을 헤아렸습니다
거기 낮추며 고개 든 흔적을 보았습니다
먹먹한 바람의 향기를 머금고 피어난 광야의 숨결

거기 우러름의 여덟,
나의 갈망으로 견주었습니다

구름이 외는 소리

뭉게구름 사이 가로질러
하늘 헤아림의 굵직한 밑줄 긋듯
하늘, 그 하늘에
모란꽃을 피우나

현상이란 것은 엿보아야 한다는 것
그 어디쯤의 갈망
저버릴 수 없는
그 유한의 속삭임 피우나

바람이란 것은
무릇 소리 없이도 들리는 술회
만향의 가르침
그리운 울림이라

애달픈 삶의 그곳
아름다운 이름 두드려져
저토록 풀어지는 소원의 시그널
나의 이해로 짙다

벌새의 울림

벌새의 말이 들리는가?
작은 몸짓으로 나누려 한 세상살이라
그 날갯짓,
초당 60회라 하였으니
경이롭지 않은가?
시간이 멈춘 듯
혼신의 기술로 돋보이는
공중 정지 기술,
그것은 깊은 몰입의 통로
나의 생각을 영원의 기억으로 고취시키는
세상 중심의 가장 작은 새,
하지만 큰 울림이다

* 벌새: 작은 몸짓으로 초당 60번의 날갯짓을 한다.

능수버들의 봄

가로수 목도의 능수버들
실가지 축 늘어짐 그대로 세월 낚는다
가히 어떤 입질이
봄빛 분분한 깊이로
서정의 몰입 팽팽하려나

삶의 깊은 바닥까지
낱낱이 더 훑고 더 일컬어야만
얼마큼의 실현이라고
저기 입질의 대어가 되어
천연한 사색 여무나

저기 숭고한 입질 하나에
파문의 글월은 감흥으로 차오르니
서툴지 않은 이윤의 누림은
세월 낚던 그 자리
여쭈어야 할 부요함이라

애수 어린 그 연민의 긴장감
땅의 모순 버티는 숨결
거기 희열의 울림 덧씌워

바람 여울의 무게가 되어
가히 회복의 피날레 지피려나

주목나무의 세월

수많은 세월이 걸쳤구나
누가 너를 말할까?
스쳐 지나가는 나그네뿐이다
시려도 그리운 속삭임
어찌 소리 없다고 울림이 없을까
보란 듯 귀띔의 소회
험산준령 너그럽구나
곧이 천년의 기억,
하나의 방향으로 거들떠서
바람 여울에 사무치구나
벗이 되어 이른 시선의 주마등
밝구나, 높구나, 짙구나
등 굽어 아로새긴 진념
산하에 절연이다
누가 너를 거둘까?
짙푸른 이파리로 흐르는 숨결
그 절절한 외침 하나로
세상 해 아래 눈동자

얼마큼 깊어질까

하늘가 세월로 여쭙이라

* 주목나무: 꽃말은 명예, 고상함이며, 살아서 천년, 죽어서 천년이랍니다.

하얀 시

간밤의 속삭임이
하얀 기억으로 남았다
어둠 속에서 입술이 다 부르트도록
이파리의 뜻을 물었을까?
얼어붙은 대지 위에 수북이 쌓인 하얀 시,
서정의 무게를 두고
시린 감촉으로 내려와
파리한 숨결처럼
읊조림의 시로
묵념의 미학이다

* 아침 설경에 부쳐

당매자나무

처음부터 성성한 가시를 품어서
누구든 가까이 못 할 것을
어느 날 빨간 열매 그것으로
기꺼이 사랑이란 말
그렇게 누그러뜨렸나
뜻을 알고 보면
그 자리 뿌리 깊은 의미는
보다 더 깊어지리라
세상살이 애달파도
그렇게 여쭈는 열매가 있지 않던가?
시려도 아파도
열매는 달다고 말하리라

* 당매자나무: 쌍떡잎식물 미나리아재비목 매자나무과의 낙엽활엽관목

백련, 홍련, 수련

1) 백련,
맑은 호수 위에
깊은 생각이 피어났다
하얀 꽃봉오리 펼쳐
기꺼이 다짐하는 순백의 절개
세상 이유 많다지만
그 모든 잡념 죄다 삭인 듯함
저 일거의 숨결
더 무슨 설명이 필요한가
그래서 희망이란
이보다 좋을 순 없다

2) 홍련,
붉은 열정의 전율
청순하고 앙증맞다
그 고고한 순결의 깊이로
상념의 값 말하려무나
어찌 생각을 접으랴
이미 피어난 호수의 청이구나
흔들거려도 좋다
물이 아니라도 좋다

질곡 속에 향유여,
물빛 그리움이어라

3) 수련,
분홍빛 염원이여,
세상 어두워졌다면
이랴의 바다 뒤척이겠다
잔잔한 파문의 속삭임
그 정직함을 엿보겠다
맑은 연민 속에 피어나
그 연민 어루만져지는 것을
단아함 벗 삼고
하늘 우러름 못내 다지는
그 흥정으로 서겠다

4) 꽃이여,
그리하여,
어줍지 않으리
행복의 바로미터가 되리
짐 지고 가는 아픔에도
소망의 닻 잊지 않으리
향기를 머금고
그 향기로운 희열이리
하여, 그리하여

쇠하여도 쇠하지 않는
그 소중함으로 서리

해국의 꿈은 어디 갔나

갯벌 위에 꽃피는 시절인데
고운 해국의 기척이 없다
지난 시절 꽃피워 아름다웠던 자리
허허갯벌의 질퍽함 그대로이다
꽃빛의 눈망울 바닷물 짭짤함 머금어도 경이로웠다
하지만 올해는 그 자리에 꽃이 없었다
해국의 흔적도 사라져 버렸다
하지만 그 씨앗은 그 두터운 뿌리 깊음은
기꺼운 기염으로 남아 있으리니
소원의 희망으로 기다려 볼 터이다
꽃의 할 말이 세상 그 얼마나 소중하였던가?
하지만 올해는 그 무슨 연유로 죄다 걷어져 버린 터
하지만 꽃의 증거는 쉬 물러서지 않으리라
한 점 기척 속에서 움터 올라
거뜬히 세상 견줄 꽃의 연민,
고결한 발등상의 이미지로 오리라
내년 이맘때,
꽃의 그 자리 추억 밝으리라
그런 소망 가슴에 담는다
해국의 기도여!
밝히고 밝혀 영롱하어라

호박꽃

짧은 기억이라도 남기는 것이 있다
흔하디흔한 꽃 중에
그 이름, 그저 호박꽃이다
하지만 그 열망 그렇게 당차고 우직한 줄
면면이 새겨 본 적 처음이다

늘 삶 가까이
짙푸른 무늬 펼치며
무더운 여름날 결실의 꿈 키우는
그 풋풋한 기척, 노란 꽃잎 나팔
긴 심호흡하듯 향기로운 숨결 내뱉는다

사방 엉키듯 뻗어 가는 줄기가 실하다
더듬이 손끝 옹골차게 움켜쥐었다
새순 끝에 더듬이는
허공에 청진기를 대듯
애증 어린 가시거리를 잰다

엿보이는 방향성과 역동성이다
그곳이 수풀이든 자갈땅이든
분명한 이치로 넝쿨의 힘 가중시키며

그 이름 없음 아랑곳하지 않고
끝끝내 그 꽃 피워 소원의 밑줄 긋는다

바람의 연가

저 들녘 외는 소리
그 소린 바람소립니다
들어 보세요
귓가에 새겨 보세요

어느 바다 건너
산 넘고 강 건너 왔는지
지친 듯 울려도
전율은 깊고 싱그럽습니다

푸른 건반 토닥거리듯
빚어내는 그리운 소립니다
숱한 음계 호흡하듯
애틋한 혼신의 떨림입니다

들어 보세요, 느껴 보세요,
저 울림의 소리
계절 뒤쳐질세라
어줍지 않는 애중입니다

가만히 살펴보면

꽃 피리 불고 초록피리 불며
지나간 추억 노래합니다
다가올 추억 노래합니다

어느 골 깊은 숨결
어루만지는 노래입니다
아득한 만큼의 몫으로
그 향기로운 피리 붑니다
그렇지 않으면
가고 오는 시절 서글플세라
시절의 흔적 붙들고
연신 계절의 연가 돋우어 줍니다

알락귀뚜라미

찌리리리릿 찌리리리릿
밤새워 울더니
아침결에도 찌리리리릿 찌리리리릿
누가 정해 둔 알람
그 알림 같은 소리
그야 물론 입추가 지났느니
가을의 소리
그 문지방의 소리

찌리리리릿 찌리리리릿
밤새도록 울더니
아침이 지나도록 우는 소리
어느 사색 끌어들이는
그 심장의 소리
느낌을 가졌으니
깊은 생각의 소리
그리운 세월의 소리

찌리리리릿 찌리리리릿
고적한 야행성의 소리
어둠 깨우는 소리

찌리리리릿 찌리리리릿 떨림의 소리
느낌 부르는 소리
흔적 다지는 소리
어둠과 밝음 속에
기꺼이 몸부림치는 소리

데스밸리(Death Valley)

펼쳐져 있구나
하얀 소금 결정체 낮은 분지 속살처럼
무구세월 은빛이구나
고원의 사막 해수면보다 무려 86미터 낮은 곳
마실 물이 아닌 그저 짜디짠 물이라
그래, 어느 감성이
그 지독한 현실 그토록 가슴에 품어 아름답다 하랴
하여, 흔적이란 그렇다
초현실적이지 않는가. 바다가 아닌 너른 고원의 중심
그 고립 속에 적막함 그곳은 반전의 멋이다
땅이 너무 거칠어
생명의 노래 다 멈춘 듯 그러나 그곳 올곧게
덩그런 상형의 뜻은 무엇인가
그래도 흔적이다. 전율의 감성을 키운다
고요함이 주인이다. 데스밸리, 그곳이라
언제까지 그곳 망루
언제까지 그 자리 뜨겁고 건조한 극한의 땅
그래도 사랑이 흐른다
데스밸리, 그곳 그 너른 사막 한가운데

가장 높은 산봉우리와 깊은 해수면 풍경
세상 상념의 높이와 그 깊이를 잰다

* 데스밸리: 미국 캘리포니아 중부 모하비 사막 북쪽 끝에 위치한 아주 건조한 분지

광치기 해변에서

넓디넓은 너럭바위 엿보았다
너의 광치기 바다였다
나의 광치기 바다였다
거기 밀려와 부서지는 파도 소리
거기 깊어지는 포말의 여운
너의 소리
나의 소리
그토록 광치기 해변은 어룩이다
거기 그뿐일까?
흔적 너머,
소리 너머,
바라볼 그곳
그리운 그 이야기
너의 광치기 해변이다
나의 광치기 해변이다
유심할 대로 유심한 광치기
물새가 날아들고
너와 내가 다가서고
그리고 인내의 기다림
지독한 외로움
절대적인 고독으로

한줄기 우러름의 시선
새날의 꿈으로 가꾼다

* 제주도 광치기 해변 추억에 부치며

메밀꽃 필 무렵

그토록 수많은 이야기
어느 가슴 깊이로 빛나고 있었다
잠시, 마냥 스쳐 지나가는 길목이지만
수많은 그 희열은 그곳 그 자리 텃밭이라고
울먹거림의 가슴 채워 주었다
따지고 보면 세상 옥토적인 곳이 아니던가?
그 어디든 사랑이 움트고
꽃망울 지고
향기롭게 읽히는 꽃잎,
거기 그 사랑이 읽히는 것을
스치는 바람결이
숨결의 기도 일컬어 왔다
메밀꽃 필 무렵
가슴앓이 정념이라는 것
아름답고도 숭고한 밀애적인 증거
그렇다, 그리운 사유의 길모퉁이 왼다
저토록 아득한 곳에
저토록 유심한 그 위로의 노래
그래, 가슴이 벅차오른다

그래, 가슴이 뜨겁다
거룩한 입맞춤이어라

* 제주도 메밀꽃을 바라보며

장미의 사랑

아직도 못다 한 사랑
그 사랑의 아픔으로 피어나서
그 사랑의 행복으로 깊어질까?
그렇다 할 기억이어라

그렇듯 숭고한 사랑
그 사랑의 기도로 피어나서
그 사랑의 울림으로 깊어질까?
그렇다 할 축복이어라

향기로운 그 사랑
그 어디쯤에서 피어나서
그 어디쯤에서도 고결함이러니
그렇다 할 위안이어라

가시 속에 서린 그 사랑
그 사랑의 언약으로 피어나서
그 사랑의 눈시울로 깊어질까?
그렇다 할 연민이어라

아무렴 빛나는 사랑

그 사랑의 기도로 피어나서
그 사랑의 간곡함으로 깊어질까?
그렇다 할 장미의 사랑이어라

제3부

세월의 강

밤의 향연

하루 이틀 끝나지 않는다
어젯밤에도 저렇게
오늘 밤에도 저렇게
어둠 내린 풀 섶엔
향연의 합주가 이루어진다

저마다 내로라하는 실력이다
다시금 연습이 필요 없는
그야말로 능숙한 실력이다
심취하고 있을
그 깊이의 전율이다

풍경의 소품이란
이슬 맺혀 뚝뚝 떨어지고
고요함은 내려앉아
하염없이 정색의 도량 여미며
향연의 추를 단다

애증으로 모였다
앞산 소쩍새가 그렇고
가까이 실베짱이가 그렇고

철써기, 왕귀뚜라미, 땅강아지와 방울벌레
모두가 단음 섞은 하모니다

모두가 밤의 향연
그 애련한 몸부림의 대가들
샛별 따라 샛별 지도록
그 목숨의 흔적으로
어느 기억의 밤 수놓는다

떠나온 그날

허름한 트럭에 몸을 실었다
하룻밤 풋사랑 같은 이별
거기 남겨져 손 흔든 이 누구인가
찾아왔다가 떠나는
그 이별 아는 이 아닌가
체념의 고백, 아니 의연한 흔적이다
그곳의 기억을 안고
그곳의 기억이 되어
외치는 울림의 부름이다

회한의 갈채여!
가까이 파도 소리가 들렸다
"날마다 파도 소리 들으니 지겹겠습니다."
아닙니다. 아름다운 곳입니다
아, 차라리 지겹습니다. 하였으면
그래, 허허 깁는 스스로의 위안이 아니던가
어제오늘의 다짐이었을까
그것마저도 어제의 추억
다시금 섬과 섬이 되는 것이다

만남과 이별은 다르다

만남은 설렘, 이별은 아쉬움
그래, 최소한의 아쉬움이려 한다
허름한 트럭 짐칸에
1박2일의 잔짐을 실었다
이윽고 고개 넘도록 못내 그려지는 모습
그 추억의 가슴 쓸어내리려는 찰나
고갯마루 길벗 섬 꽃이
도리어 태연히 웃고 있었다

* 하의도 신도를 떠나던 날의 소회에 대하여

그날이 오려나

이름 없는 그 언덕에
애송이 철부지 다 모였네
그들을 보노라니
한여름 무더위가 무색하네
샛노랗게 등불 밝힌
소리 없는 긴장감인가

이슬 젖고도 꺼지지 않으려고
바람결에 한들거려도 꺼지지 않으려고
저마다 발끝 디딘 듯
앞다투어 고개 내민 듯

별빛이라 하라
꽃빛이라 하라
그날이 오려나
언제 오려나

잊고 사는 세상
그냥 흘러가는 듯 하릴의 거리
아니야, 그럴 순 없지
어서 힘주어라, 버티어라

그날을 향하여라

아픔이 짓눌렀다 한들
기다림 깊었다 한들
그 어찌 낙심할쏘냐
그렇다, 자초지종 필요 없다
이미 사연의 군락지라

어차피 세상살이 진땀나는 것 아니더냐
그래도 일생이다
꽃은 그렇게 피는 거랬다
시절을 사무치는 거랬다

참, 이름 없는 그 언덕에
속 깊은 다짐이 가득하다
저 마다 두런거린 듯
그날이 오려나

* 흐드러진 달맞이꽃 향수에 대하여

박꽃이 더욱 새롭다

고고한 기별아,
어느 추억의 정감이더냐
가난한 초가지붕
탐스럽게 기어오르고
그래도 부요한 숨결인 듯
내뱉던 그 향긋함
어느 순수의 향유더냐

평생 고향의 노래다
피어 있기만 하면
모든 가슴에 대박을 안겼다
졸졸거리는 샘터에서
손때 묻은 듯
추억 새겨 둔 체취여,
아직 그 기억 살찌우는가

하얀 꽃빛
밤을 지새우는 기도였으리
세상의 어진 약속
숨죽여 들추었으리
그야말로 진실의 티를 잡고

하얀 백옥의 전율
분요한 땅 꽃피웠구나

어차피 밀려난다 하여도
그릇은 그릇일 거라
그 일념 여름밤 다하도록
감추어지지 않으리
꺾이지도 않으리
이렇게 세상사 번잡한 터
흰 박꽃이 더욱 새롭다

기억

무엇에 대한 것인가
기억,
드러내는 사물

새순처럼 돋고 시들어도
평생 시들지 않을
습관이 있다

무엇에 대한 가치인가
기억,
소원하는 흔적

무엇에 대한 잊음인가
기억,
존재하는 것으로 까마득하다

무엇에 대한 습작인가
기억,
쇠하여 감의 탄식

기억이란

현재로 일어나는 분명함,
그 깊은 원함이다

물새

훨훨 날갯짓
거친 파도인들
그 무슨 대수였더냐

고독한 시선은
원거리를 짐작하는
자유로움이다

허둥지둥 맞바람은
바람 느끼며
그 바람 새김이다

바다를 바다로 아는 것은
너 안에 숨겨진
그 비밀의 경우다

그나저나
그렇게 울며 나는 것을
그렇게 힘주는 것을

젖지도 않고

가히 두렵지도 않은 것
너의 바다가 그렇다

파란 나팔꽃

기억 생생하게 헤진 땅 뒤척여
기어오르다 터진 외침
힘겨워서, 하도 힘겨워서
이슬 한 모금 달기만 했겠지
그래 세상살이 그 맛이란
그 어느 기준의 것이었더냐
오죽해도 그 열정
절절한 흔적이면 그만이다

모든 것이 그렇다, 가을 것은 더더욱 그렇다
마지막 철듦의 기회
그 어느 어리광이 속내라도
속 실하지 않을 수 없다
마침, 세상 눈치 새파랗게 여며
깊은 형언의 다짐이려니
손 끝 움켜쥔 마디마디
어찌 희열 아니랴

보소, 보소
바라보소, 들어 보소
그토록 애달픔 짙어도

천연히 피어난 절개여라
그렇다, 시간의 저편
피어남의 그곳, 쇠하여 감의 그곳
그 향연의 꽃빛이라서
한낱 무관심에 흔들리지 않는다

고마리꽃

맑은 자수정
면면히 빛나네

영롱한 빛깔
그 가치를 더하네

그러나 다행히
그 누구 하나 욕심이 없네

하기야,
무슨 욕심인들 통하랴

고마리, 고마리꽃
맑디맑은 자수정이네

그 몇 톤의 무게로
이름 없는 곳에 번쩍이네

난 오늘 한번
원 없이 자수정 누비네

그리하여
마음의 가락지 끼워 보네

경고,
눈으로만 보고 만지지는 마세요

* 고마리꽃: 꽃말은 꿀의 원천, 덩굴성 한해살이풀 도랑이나 습지에 자란다.

세월의 강

산다는 것은 강을 거슬러 오르는
힘찬 연어들의 몸짓이다
기억의 터를 향한
그 회귀의 몸부림이다

속절없이 세월 많이 흘러도
그 터전의 사연
쉬 떠내려가지 않는다
옹달샘의 근원처럼 보글거린다

들여다보면, 새겨내면
그 애달프고 숭고한 것들이
어디서는 풀이 되고
또 어디서는 꽃이 된다

하나하나의 애 서린 부표
둥둥 떠 있는 풍경마다
때론 멋이 되고 때론 아픔 되어
그렇게 세월의 강 수놓는다

오늘도 무수한 나루터

떠나고 떠나지 못한 그리움
그 멈출 수 없는 여운 신고 내리며
삶이라는 것에 충실하다

맞닿을 시작과 끝
아주 오랜 세월의 강 흐름 속에 깊어
산다는 것의 힘겨운 몸짓
그 애중 가꾼다

여정

감사합니다
고맙습니다
저기 황무지 속에
벗들이 내 말의 갈망,
못내 시름이라도
아랑곳하지 않도록
세월은 흘러도
향함에 대하여 말합니다

영광입니다
위안입니다
저기 고적함 속에
벗들이 의연한 그 이유,
흔들거려도
세상 멋모르지 않도록
기억의 깊음
지극한 만감의 것입니다

기쁨입니다
다짐입니다
허허로 걸어도

약속이라 하는 이유,
세상 소망의 길
또 남음의 길
실감 나는 선율의 갈채
묻어남 때문입니다

비

슬픈 이야기라고
그래, 슬픈 이야기야
키 큰 억새가
뚝 뚝 떨어뜨린다

슬픈 이야기지
그래, 슬픈 이야기인 거야
더더욱 키 큰 소나무가
뚝 뚝 떨어뜨린다

슬픈 이야기,
그렇구나, 슬픈 이야기
낮은 풀잎은
아예 드러누워 버린다

비, 추적추적
어느 귓속말로
수없이 많은 물방울
뚝 뚝 떨어뜨린다

물봉선 3

그 하나의 기억
어느 무엇으로 깊었는가

그 붉은 열망
어느 갈망으로 서렸는가

그 애증의 정
어느 가슴에 울림이나

향하여 내다보고
원하며 우러르고 있구나

너의 가시거리는
그 얼마큼 좁혀졌는가

아직, 쭉쭉 뻗은 줄기마디
기다림 재고 있구나

그래, 지치지 마라, 잊지 마라
꽃이란, 세상 행복이다

눈물의 밥

싫어도 찌꺼기를 걸러내는
지극한 밥이다
생이 고달프다는 말이
비로소 눈물의 밥으로 인하여
그 맛의 깊이를 안다
깊은 시름의 밤을 지나며
마주한 쓸쓸함과
고독한 어깨 위에 짐,
그것은 몸부림의 가치다
값을 따지자니
어쩌면 헐값인데
뜻을 따지자니
그야말로 눈물의 값이다
그리운 날들,
어리석지 말자고
눈물의 밥 한 그릇
또 거뜬히 비운다

수박 넝쿨

그래, 내뻗어야지
무더위가 기승을 부려도 짙푸른 함성이어야지
얼룩의 파란 무늬 그 추억으로
어느 어린 날의 꿈도 찾아가야지
갈급의 더듬이 내뻗어야지
바람이 외는 땅,
청청한 선물로
한 통의 수박 덩어리 열리기까지
꽃의 할 말
살포시 엿보이면서
줄기 내뻗어야지
더운 날,
상념의 그늘로
수박 넝쿨 짙푸르다

바람의 얼굴

가까이 민낯을 잊었던가?
스치는 바람이 어디로 가느냐고 여쭈었던가?
그 어디에 사무쳐도 절절한 감촉이듯
어떤 변명의 이유도 없다
그저 유영의 일념으로 나아가는 것이다
홀로 마주하였던가?
줄기차게 엿보았던가?
행복이 여무는 까닭이라고
그토록 저편까지
가닿는 몸부림 읽혔던가?
원함이 가득한 곳으로
상념의 길은 두둑한 방향이다
삶이 구슬프게 닦달할 때
그토록 기슭의 바람,
간섭이라 읊조릴 것이라
그토록 성숙한 사랑
가슴앓이 고백이기까지
바람의 얼굴
더욱 여쭈어 가리라

꽃의 소리

오랫동안 기다린 끝에
비로소 한마디 소리 내뱉었구나
비록 한 음절 남겼지만 여운은 시절이 다 가도록
고스란히 느껴지는 이유는
여느 꽃이 간직한 비밀스런 소리다
그토록 환희를 넘어서면
꽃의 소리는 어원의 수만 마디 이끌어 낸,
소리, 소리가 들리는 것이라
그 소리는 아름답고
영광스러운 기척이다
피어났으니 꽃이다
누군가 외고 갈 소리,
꽃은 우러름의 숨,
가슴 절연한 소리다

구름의 강

더 이상 내려오지 않고
균형의 마지노선을 굵게 이어내는 구름의 강,
그토록 유영의 터를 감지하던 차에
이윽고 쥐어짜듯
쏟아붓는 빗줄기다

언제 세상은 그 생명력을 저버렸던가?
적절한 구름의 강은
세상의 달무리 엿보이듯
햇살 가린 그쯤에
땅에 목마름을 적신다

눈을 들어 올려다보면 그쯤에
구름의 강은 여울이다
적절한 무게 중심이 갖추어지듯
그 후로 맑은 헤아림,
촉촉하게 지핀다

어쩌면 그리움 띄운 그곳,
흘러가는 여정의 묵시를 그려내는 까닭으로
갈망 속에 은총 실어내듯

지척의 동기부여,
빗물로 세상 흐른다

고독의 연민

묻지 않아도 물음이 되는 곳으로
가을은 이유를 몰고 왔다
땅에서 나고 자란 것들은 저마다의 가치로
가을 부요함 그 너머를
애달픈 시선 가득히
말없이도 그리워하리라

바람결이 외는 그곳으로
스치는 감촉이 싱그러운 시어가 되는 것
읽고 또 읽어도 남아 있는 몫으로
여운의 닻은 끌리듯
이슬 서린 설렘의 중심
기꺼이 기별이다

흔적의 흔적이 표상이 되었듯 그곳으로
가닿아야 할 연민의 깊이로 고혹함,
그려내는 고독한 이유만큼 낭만,
그토록 행복은 물끄러미
설움 너머의 꽃이듯
세상 목적의 추억이다

어떻든 사랑이 쌓인다 하였던 그곳으로
삶의 물음이 깊어질수록
뜻은 오롯이 피어나리니
울지 않았던가? 웃지 않았던가?
고독한 연민의 역설,
끝내 피어날 영광이다

바다의 눈물

오류도 근방에서
한사코 밀려오는 바다의 여울은
하얗게 부서지는 포말의 어록이다
갯바위를 보아도 그렇고
그곳으로 철썩거리는 파도를 보아도 그렇고
애달프게 가슴 적시는 가을 바다,
그토록 눈물의 짭짤함이다
하나의 바다에서
그 하나의 섬, 섬에서
바다는 눈물의 깊이다
모진 기억 하나를 끌어들이는
꽃빛 같은 사랑의 마지노선,
눈물 속에 서정이
갸륵한 애증으로 비롯되어
가을의 울림,
바다의 눈물이 짙다

물 위에 뜨는 시

감히 숨기지 마라
세상 그 무엇을 내던져도 그 자리
결코 흔적의 범위를 누구도 벗어나지 못한다
해가 뜨고 달이 뜨고 별이 빛나는 이상,
세상은 그 어디 숨을 데가 있었던가?
그것이 가히 하늘 아래다
물 위에 부표처럼 둥둥 떠다닌다
물은 맑고 흐름은 절절한 것
거류의 세월이 지금이다
지극한 시절로 새겨내는 바람결이고
거둬들일 이해심이다
물 위에 둥둥 뜬 사연이다
세상 그렇듯 서로의 안부였을 때,
세상은 누림의 정으로
아픔과 기쁨의 가치를 두고
세월의 뜻을 되짚는 것,
그 나머지는 물 위에 시이듯
언제고 드러나 있는 것,
감추이지지 않는나
가히 어순이듯
천거의 몫을 읽는다

튀르키예에서 만난 포도밭

끝없이 펼쳐진 포도밭
굽이굽이 밭이랑 사이 서정이 가득하다
그곳으로 향기로운 언약이다
맛으로 깃들어 하염없이 헤아릴 세월일까?
형언의 시간이 짙푸르다
주렁주렁 포도송이 보석처럼 햇살로 그을려,
진지한 바람을 노래하듯
더욱 진한 값이다
저것은 모두가 땀방울의 정점이다
수고의 대가를 다지는 몫이다
하나의 밭은 또 다른
가슴속에 여러 개의 밭으로
그 터전은 흥정이 되리라
어쩌면 거친 바람 거슬러 이끌리듯
엿보이는 포도밭의 진담,
세상의 열매를 토로하듯
지평선 가까이 소원,
생애 어휘를 노래하는 것,

고혹한 이미지로

그리움 새겨 준다

* 튀르키예, 어느 끝없이 펼쳐진 포도밭 지대를 지나는 추억에 부치며

바늘꽃

나를 고운 빛으로 일깨워 다오
세상 어느 순간 망각에 치우칠라치면
어김없이 산뜻한 꽃빛으로 일깨워 다오
그리하여 감각의 눈을 뜨고
어리석게 세상 탓하지 않는
고진한 속삭임으로 깨어나게 해 다오
어찌 너의 사랑을 잊을까?
그 사랑으로 나를 기억하게 해 다오
눈물 흘려도 눈물로 머물 수 없는 꽃,
기꺼이 걸러낸 그 비밀로
나를 찔러 일깨워 다오
물러서지 않는 그 아름다움,
그 값어치로 나를 일깨워 다오
그 사랑으로 일깨워 다오
영원한 사랑 잊지 않게
그 꽃빛 새겨 다오
바늘꽃빛으로 나를 일깨워 다오
그렇게 새겨 다오

수평선의 꿈

광야는 광야인데
수평선의 꿈이 어루만져진다
바다를 경험한 그런 마음의 깊이로
세상의 모든 기도를 맑게 한다
그토록 뜨겁던 햇살이 수평선 바다로 맞닿는 고독
하지만 아스라이 부요하다
그리운 마음 다시 내건다
슬프고 외로웠던 바다의 그 질펀한 향,
삶의 눈시울 뜨겁던 지난 시절이었건만
다시 수평선의 꿈이 깃든다
유심한 그 시간 속에 그 시선
외롭다 하지 않아도 외로운 그 축복 속에 부요함
수평선 그리움 앞에서 움튼다
그렇다, 바다, 무심한 듯
그토록 유심한 바람 되어 깊이를 건넨다
나의 삶으로 꾸려진 그 바다,
저만치 수평선 노을 따라
또 한날의 애증이 서린다
그곳의 그 기도,
저기 천국의 문밖,
수평선 꿈으로 긷는다

물결

물결이 인다
바다에, 바다에 물결이 인다
밀려와 부서지고 또 부서진다
그렇다가 썰물로 더욱 깊어진다
거기 어떤 물음이 마주 섰나?
거기 어떤 기억이 마주 섰나?
세상은 어디나 그처럼 갈망이다
꽃빛 피고 지는 여로에 갈급함이다
가히 어떤 것이 세상살이 남는가?
물결이, 물결이 할 말이다
생각의 깊이를 넓혀 본다
저만치 저만치의 것
그것은 기억 너머의 것
헤아림 그 너머의 것
물결이 인다
철썩철썩거린다

그리워한다는 것

한 송이 꽃이 내게 하는 말이 있었다
그것은 나만이 알 수 있는 소원이다
그 소원은 내가 묻고 있던 것이다
그것은 가장 진실한 낭만이다
이어 가는 여로에 있어서 지친 고백이 깊을 때에도
한 송이 꽃의 하는 말은 곱다

흐르는 강물이 내게 하는 말이 있었다
그것은 맑은 물빛으로 나만이 알 수 있는 고백이다
그 맑은 흐름 역시 나만이 관망하고 염원하는 것이다
그것은 절절한 흐름이다
굽이굽이 촉촉한 여력 새겨 이를 때
흐르는 물빛의 고백은 하늘 드리운 증거다

우직한 바위가 내게 하는 말이 있었다
그것은 나만이 알 수 있는 우직함이다
그 우직함 역시 내가 묻고 있었다
오랜 세월 그 자리 그 한 몫으로
세상 변치 않는 관심의 몫이다
하여, 그리워한다는 것 그토록이다

제4부

소쩍새 우는 밤을 기억하나

윤슬

너른 바다에 차곡차곡 쌓아 놓은 듯
잔물결로 은빛 충만함
아득히 수평선까지다
하나의 작문으로
쉼 없이 이어지는 배려
누군가의 소회를 일컬어
꽃이 되려 하나
소리소리 파도 소리
그 외침의 깊이로
바다는 하늘 가까이다
청춘의 그림자를 속삭이나
지나가는 날,
다가오는 날,
그토록 고운 미담처럼
잔물결로 부서지는 햇빛
너른 바다의 곡창이다

* 윤슬: 햇빛이나 달빛에 비치어 반짝이는 물결

작은 섬

작아서 저 멀리 엿보이는
그 품 안의 속삭임
시선 가득한 정점이다
너른 바다의 할 말이
작은 경점의 섬으로
그 시작의 끝은
새로운 시작으로 이끈다
어느 작은 섬의
그 외로움이 돋보이면
그 섬의 기억이 되는 것이다
미처 깨닫지 못한 세상사,
그 작은 섬의 끝말처럼
애달픈 이야기는
추억의 밑그림으로
향수 어린 여쭘
내심 가득하리라

너의 비단풀

그리도 잘 자라서
한여름 버티고 나서
찬바람에도 아직 시들지 않았다
마디마디 토해내는 그 하얀 심혈,
누가 그랬다, 그것이 약이라고
하지만 보이는 것은 너의 아픔이다
누가 그렇게 너의 비단풀
그 이름 걸맞지 않게 손을 댔는가?
한 해 두 해 할 것 없이
시골길 어느 저문 녘에도
가히 너의 비단풀 밟았어라
그래, 빛나는 너의 흔적의 증거는 확실하다
세상의 기도는 너의 비단풀
어떻게 기억할까?
그 어떤 욕심에 치우쳐 그만
그 자유를 짓밟았던가?
꽃피는 그 순간까지
걸러낸 세상 그을린 이야기
다시 또 비단풀 위에 서릴까?
눈여겨 가다듬을 순수한 고백이었다면
끝없는 세월의 정처 속에서

어느 발등상 가까이 소중함 읽히리니
너의 비단풀 그 자유여!
그 행복의 요소여!
나그네 비단길 축복이어라

갈대의 꿈

일생 서걱거렸다 하여도
한 줄기 외마디 짊어지고 있는 것
저기 먼 하늘가 수효다
나부끼는 잎사귀의 수혜로
세상 지긋함을 두고 어둡지 말자는
그 어떤 시나브로 다짐,
물끄러미 간격을 채우며
시간은 몰려오고 있었다

아직 남겨짐의 것들은
무수한 이야깃거리
거기 울림 스산하여져도
시절 그렇게 울먹거려야 하는 것
추억은 어제와 오늘이라고
잿빛 우거진 갈대는
우수수 갈잎의 변증으로
다시금 이름표를 단다

그 자리 쇠하여 가도
뿌리 깊은 나무의 숨결 간직하듯
어린 역사의 장엄함이듯

기척의 발돋움으로
애중의 글월 서려 두었으니
이렇다 하여도
흩어짐의 소회
무릇 여울의 꿈이다

소소한 묵시의 날들은
저기 그림자 짙도록 여쭈어
외로움에 애달픈 부요함으로
흩어지는 나락의 자리
거들어 말하고 싶은 그 진귀함
에둘러 아름다운 꿈
절절한 비경의 몫으로
꿈의 한 줄기 가없다

동백섬에서

섬 하나의 길을 말하고 싶을 때
동백섬의 오솔길이 부요한 정담이겠다
정직한 숲 그늘 너머 파도 소리 깃든 그곳으로
글월의 사색도 떠오르겠다
나이테를 에둘러 이끌어 낸 세월,
그 길은 추억 속으로
등대는 옛 그리움이다
애끓음의 바다를
비사의 귀띔으로 여쭈었으니
그 어찌 망각에 젖으랴,
꽃피고 새가 울며
어림잡아 한가득 풋풋한 곳
만감의 그을림 가득하다

* 부산 누리마루 산책길에서

쭌묘

물 위에 땅을 건설하고
천국의 노래를 부르고 싶었나
청청한 물끄러미 그림자 하염없도록
호수에 내리는 햇살로 새파란 눈동자를 생각하였다
뭍으로 갈아엎듯 옥토의 비밀을 일찍이 섭렵하였을 지난한 시작,
움트는 새순과 꽃으로 돋보였고
결실은 환희의 비결로 물 위의 삶을 이끌었다
널따란 호수의 수초를 헤아려
곧이 뒤척이고 난 후에
하나의 순수한 묵시라고 세월로
거둬들인 역사여,
바람과 구름의 형상을
묘수의 찬 어록으로 일구었으니
호수로 가닿는 추억의 등경
달빛, 별빛의 술회로
물 위에 내던지는
거기 그리운 풍경
지긋이 삶의 결실이다

* 쭌묘: 물 위에 수초를 얹고 진흙을 얹어 만든 밭

호수 위의 삶

어느 아침 물안개 멈추었을까
물빛 어리는 맑은 눈동자로
쌓이는 침전물의 결실
부엽토의 위상으로 퍼 올려
뭍의 꽃을 피우는
호수의 땅이다

길은 물길로 이어지고
소통의 진수는 자유로운 평범함의 곁가지처럼
쭌묘 사이길 가로질러
애증의 마음
그리운 발돋움 실어
마을 가닿는다

가히 거긴 순수함의 몫
진귀함은 이방인의 고백일 뿐,
오랜 세월 시나브로 바라는 어휘의 깊이로
일상의 행복 긷는
누림의 정다움
호수의 마을은 평온이다

하늘 아래 누리는 그곳은
존중으로 하나가 되어
일컬어지는 삶,
물 위에 땅을 두고 빛나는 세상의 하루
아득한 추억의 미소
남루함 속에 견준다

* 미얀마 인레 호수의 삶을 기억하며

옛날의 금잔디

깊은 바람결의 숨결이 뜻을 토해내듯
겨울 산하에 솔숲은 노랗게 쌓인 솔잎 낙엽
시골의 오랜 연가를 부르도록
온기 어린 언약으로 거둬들였다
문명 세계와는 동떨어진 듯
서해 섬마을,
거기에서도 변방 외딴집
뒷산에 풍경으로
그 아래 쓸어 모으던
땔감의 기억이었다

해마다 이쯤의 흔적으로
세찬 바람이 부는 초겨울이면
어제의 기억처럼 그 어렴풋이 형언들
그토록 남루한 삶의 밑그림으로
아직도 가슴앓이 서린
아득한 추억의 위로
절절한 그을림이랄까
수십 년의 뒤안길
고스란히 회한의 묵시로
그윽한 향취다

고적한 숲 바람이
청아한 솔바람으로 거듭났던 곳
지금도 바다가 눈앞에 훤히 돋보이는
낯익은 상념의 까닭,
유수한 세월이 흘러갔어도
그것은 마치, 갓 털 씨앗의 헹가래처럼
하늘 아래 나비효과
그리운 메아리가 되어
옛날의 금잔디
그리움 발아한다

백야

한 번의 태양은 지지 않는다
아직도 영롱하게 빛나고 있는 것이다
밤이라 하여 숨어들어도
그곳에 태양은 높이 떠 있다
세월을 이야기할 때
그때만큼은 솔직하게 담소하듯이
발가벗은 심정으로
지난날과 앞으로의 의중이어야 할 것이라
목적지는 멀지 않았으니
하루하루가 그렇게 흐르고 있거니
그 무엇을 거두어
세상 변하지 않는 몫으로 여길 것인가?
어찌 태양을 가리려 할까?
어둠과 훤함이 교차하여도
무릇 세상은 드러남이라
어쩜 그 길 끝에서
잃어버린 지평선이랄까
아직도 기회는 만감의 몫이라
휩쓸려 흐르는 귀로에
닳음은 무엇이고
또 남음은 무엇이었던가?

생애 소중함을 목도하면서
순전하고 진지하게 여쭈어야 할 것이
그야말로 백야의 귀띔,
삶의 가시거리다

마천루

어디 굽어볼 수 있다는
확 트인 자유의 시선이 소중하다
우직한 나목의 헤아림은 세월의 방향이다
꽃은 낮은 어귀 피어나는 열기다
지경의 높고 낮음을 가늠할 수 있다는 것은
세상 흔적의 산물이다

어디를 주목하였더라도
하늘 아래 두리번거림 일컬음이거든
하늘은 높고 땅은 두둑하다는 것
밤하늘에 달빛, 별빛이
삶의 문지방으로 새롭다는 것은
여명의 아침까지다

지경의 날들이 무르익어 가도록
온갖 사연 속에 두리번거림 지긋하거니
그래도 염원은 깊어지는 것
삶의 그리운 묵시로
가꾸어갈 사랑의 귀로인 것
깃든 숭고함이다

정녕 마음 낮추어도
우러름의 높음은 저 하늘가 아니던가?
서려진 삶의 경로
그 어디를 가다듬어 이른다는 것
세월 견주는 역설은
오늘의 마천루다

들장미

초겨울 한데서
아직도 봄빛 새겨 두고
성성한 가시의 말 아프다
무릇 귀담아들으면 약이 된다는 것을
지난 추억이 그랬다
내쳐진 소외 속에서
단언하듯 환희의 꽃빛으로
흐드러짐의 향유였다
그 후로 12월,
앙상한 나무들 아래
수북이 쌓인 낙엽의 외마디 속에
아직도 짙푸른 연민의 속삭임
어느 귓가에 가닿을 듯
가슴에 사무칠 듯
애련의 숲으로
울림의 중심이다

옛 고성(古城)의 향기

무엇을 탓하거나
쫓기듯 얽매이지 않아서 좋다
오롯이 세상 밖으로
소통의 길 하나 열어 두고
옛 그리움 부담 없어 좋다
거기 두 번의 약속은 없다
이미 그 한 번의 약속
아직도 유구한 달변가의 입술처럼
올곧게 번지는
세상 망루의 향기다

* 유럽 옛 고성의 추억을 두고

10월의 고백

무르익어 가는 것들을 사랑하리라
눈에 보이는 것들
귀에 들리는 것들
그 모두를 가까이 사랑하리라
그들의 흔들거리는 것도
그들의 쇠하여 가는 것도
그들로 다져지는 것도
그저 그만이 아니었다고
다시금 사랑하리라

저토록 절절한 것들은
흔적의 흔적을 거듭하는 것이거니
아직도 나의 이해심이 부족하고
넓은 아량이 부족하여도
그들을 일단 사랑하리라
깊은 서정의 발붙임을 눈여겨
해 아래 그림자 짙어짐이라고
부요한 인애의 숨결로
가슴앓이 사랑하리라

그리 쉽지 않았다고

심연의 몸부림 견주었어도
끝내 사랑하리라
지금까지 바라보았던 것도
하늘 아래 영문이라고
나의 어깨를 짓누르는 것들
죄다 뒤척여 사랑하리라
그리하여 정말 한 점 의혹 없이
진정한 사랑 배우리라

괜찮아

지금이라서 괜찮아
아픈 날과 슬픈 날과 기쁜 날이 교차하여도
위안과 꿈을 가진 지금이라서 괜찮아
이렇듯 삶이라서
모든 것이 밑거름이라서
생애 누림이라서
숭고한 것이라

어제와 오늘과 내일이라서 괜찮아
그저 영문 모름이 아니라서
지금으로 추억하고
내일로 바라고
염두에 둠이라서 괜찮아
저버릴 수 없는 그것은
영원한 여쭘이라

세상 그 무엇이라도 괜찮아
거기 중심의 기억을 올곧게 가졌으니
얼기설기 사연이라도
그 깊음 속에서
끌어올리는 향유라서 괜찮아

그렇게 가다듬음으로
지금의 목적이라

바위솔

그 앞에서는 척박한 이름을 외지 마라
그저 눈으로 보고 가슴에 담는
진귀한 울림을 가꾸어라
어찌 하고 많은 땅을 두고도
그처럼 험산 바위틈에서
일생의 단면을 가졌던가?

갸륵한 여력의 다짐이 아니던가?
그야말로 이슬에 목을 축이는 새순으로
희망의 꽃을 피우는 일념,
그것은 바람의 가시거리이며
환희의 숨결이거니
난전의 영광이라

어차피 세상은 이러나저러나
질서의 소용돌이를 이루며 흐르는 여로
겉과 속이 다르다 하여도
끝내 두드러지는 몫으로 거두는 것은
쇠하여 감의 여운인 것
거기 희망이면 족하다

거기 절벽 벼랑 끝에서
바위솔의 애증은 얼마큼 깊던가?
거기 뜨거운 눈시울의 정담 아로새겨 두었으니
그토록 일사각오의 벗은
세상 아름다운 경험의 뜻으로
상념의 하늘 새롭다

구름에는 지진이 없다

거대한 땅이 흔들거리는 현상
금이 가고 불안감이 조성되는 계기로
어느 순간 예고 없이 거대한 지층의 입김이 되어
대뜸 삶을 타이르듯
세상을 깨웠거니
그것이 어제오늘의 증언이 아닌
아주 오랜 기척으로 거점 도시를 두드렸고
먼 기억까지 생생한 현황으로
동시적 울림이다

이럴 땐 먹먹한 기억을 두고
파란 하늘 하얀 구름층의 거대한 필력
그 진력을 여쭈는 까닭,
저기에도 땅처럼 지진이 있을까
그건 분명 아니라도
저 향유의 구름층으로
가닿을 소원이란
그리움의 아련한 문집처럼
시각적으로 분명하다

저렇게 흔적이라고 하였을 때

한참을 이끌어 내는 헤아림의 풍경
땅의 진동 소리 여쭈어도
저기 바랄 수 있는 그 어떤 언약이랄까
내 영혼의 지층을 깨우려 함에
흔한 역설의 하늘 구름층,
고개 들어 그리운 이야기
아득함 속삭이듯
하늘 구름이 비경이다

파묵칼레의 추억

히에라폴리스 언덕 아래
두둑하게 드러난 새하얀 절벽
수만 년의 세월 동안 솟아나는 기염으로
석회석의 향유는
눈물일까

다 토로할 수 없는 기점의 술회
그저 한마디 눈물처럼 흘러내리는 흔적
발을 담그고
손을 씻는 이유
경이로움의 표현이다

마음에 담고 갈 목화송이
그 꽃의 영예로 나그네 시름 찬 여력의 풍광
거두고 삭히는
생전의 추억이라고
시선의 말이 더욱 새롭다

아직도 못다 한 서정이여,
어느 기점의 뜻이 다소곳이 부르면
다시금 이력서라고

세상 누림의 감격
추억으로 겹겹이 쌓겠다

옛 고독의 땅을 가로질러
그렇게 유유한 어제의 기나긴 흐름
오늘을 다 담도록
상념의 도드라짐 일컬었으니
새하얀 여운의 꽃이다

* 튀르키예 추억에 부치며

소쩍새 우는 밤을 기억하나

어느 청승맞음의 귀를 여나
그토록 밤의 여로를 수놓는 울림의 역설이여,
기억의 강을 거슬러 이르던 차에
전날의 세상이 돋보이고
새날의 일깨움 깊어짐이라

저토록 고독한 진심을 엿보았나
세상 까닭 없는 밤이 어찌 흐르고 있으랴
거기에 일어선 외침은
그 지혜의 끝으로
꽃이 피리라

향기는 팔지 않는 것이라
어떤 세상 제아무리 머뭇거리고 뒤척여도
제 몫의 뿌리 깊은 천거
살아생전의 거울,
꽃은 드러난 입담이라

모든 누림의 땅을 두둔하였나
어제의 추억이 심연의 골짜기로 무엇을 말하나
삶의 두둑한 가치로

끝없는 욕심의 한계를 기억하나
자존은 진실의 몫이라

깊은 밤의 꽃을 여쭈나
밤새도록 소쩍새 우는 기별은 꽃이라
가슴앓이 향유로 젖어드는 밤
세상 욕망의 거짓된 허상을 기억하나
소쩍새의 밤이 낭랑함이라

수박과 참외

그 언젠가 먹고 버렸을
버려진 땅에
버려진 씨앗으로
움트고 자라 줄기를 뻗은 수박과 참외
나름 주렁주렁하다

가꾸지도 않았고
관심도 두지 않았던 차에
썩어짐의 의중과
발아한 씨앗의 경이로움까지
쭉쭉 내뻗었다

노지의 수박과 참외
한여름 뜨거운 태양의 열기를 버티며
짙푸른 이파리
시들함과 성성함을 반복하면서
깊은 맛의 비밀을 키운다

날마다 두툼함을 더해 가는 흔적
덩그런 눈망울의 글월까지 두드러지도록
자갈투성이 그곳으로

저버릴 수 없는 세상살이 이치
달콤한 여묾의 애수다

* 마당 한구석에서 자라 주렁주렁한 수박과 참외를 보며

코스모스 시, 둘

너는 저 이별의 강을 말하라
나는 그 이후에 강을 말하리라
어차피 흐르고 있는 강이 아니더냐
그 이루어짐으로 인하여 끝내 가닿을 이유,
세상의 환희는 시들지 않는다
벌판의 향함이 아름답다
기별은 보듬어지는 것
꽃빛의 글월이라

너는 저 아침을 말하라
나는 그 이후까지 말하리라
어차피 시들어 가는 기척이라 하여도
그 허망함 너머를 여쭈어야 하리니
흔적의 점을 찍었으니
추억으로 남고
두둑한 바람으로 남아
여운의 터를 이룸이라

너는 저 그리움의 곳을 말하라
나는 그 이후까지 말하리라
무릇 시선의 비밀이라 하여도 뜻은 드러났으니

그 연민의 아득함을 거슬러
땅의 빈자리 채우는
울림의 기별,
그리운 세상의 별곡으로
올곧은 꽃빛이라

낙엽 밟는 소리

낙엽 밟는 소리
바사삭바사삭 가을이 부서지나
아니다 가을은 그대로다
부서지는 것은 나의 속삭임이다
한사코 바라보려 한 그쪽
아직도 흔들거린다지만
그래도 바라는 그쪽
시선을 가다듬게 하는
그 소리로 부서지는 것이다
바사삭바사삭 소리
헤아릴 대로 헤아린 낙엽
가을바람을 담고
우직한 나무의 숨결을 떠나
언뜻 서정의 울림으로
그쪽 밟는 소리
여운의 깊음 낳는다

시간도 비에 젖다

그리운 사물만 비에 젖을까?
시간은 메마른 처지에 빗속일까?
사물은 보이는 몫으로 비에 젖고
시간은 보이지 않는 몫으로 비에 젖고
사람의 마음 또한 비에 젖는다
누가 촉촉한 감성을 외면하랴?
울적하게 깊어지는 회상의 몫으로
비에 젖는 촉촉한 일원이 된다
사물도 시간도 사람도 빗물에 젖어 눈을 뜬다
내다봄이 있는 엄중한 흔적이다
고결함의 진리를 공유하는 것이니
세상의 시간 속에서 영원한
그 꿈의 노래가 될 것이다
시간도 흔적이다
깊은 간격이다
새겨내며 엄중한 역사적 사실이다
모든 것들은 향하여 은총이다
기다림의 몫을 건넨다

초승달 4

어떤 구슬픔 걸러내는 이야기
저기 그랬다고 들려주는 이야기
다시, 깊은 사연의 증거가 되어
밤의 기도 붙든다

언제고 나머지 꿈의 증거는
순간순간 두터워졌거니
하여, 가슴앓이 행복의 그 미소
어언 그리움의 발휘가 된다

조용히 눈을 들어 고요 속으로
사무쳐지는 그 까닭에
문득 초승달이 웃고 있었다
그것도 일부분 드러난 그 깊은 웃음이다

그렇다, 연민의 고독이 살찌워진다
이 땅에서 추억 딛고 일어설 아름다운 이유다
저토록 어둠 속에 빛나는 꿈
정녕 사유의 꿈이다

엄중하고 엄중하게 하루를 보낸 뒤안길

어둠은 망각이 아니라는 것을,
달빛 일기로 짙다
이슬 내리는 밤이다

가을 이야기

가을이 밝아
가을이 고와
너나없이 가을 한 소절 읊는다

기억하는 것도
몸부림치는 것도
너나없이 가을 깊이에 뒤척인다

가을 하늘이 높아
가을 전경이 아름다워
너나없이 가을 기도에 앞장이다

가을이 부요하여
가을이 풍성하여
너나없이 가을 중심 입씨름이다

가을이 그렇다
가을이 소중하다
너나없이 가을 숨에 젖는다

가을에 그랬다

가을이 올곧다
너나없이 가을 이력에 행복하다

사방 천지 가을에
여기저기 가을 목록에
너나없이 가을 사랑이다

새벽

여명이 밝아 오는데, 그 여명이 멀어진다
그 속에 하루가 밝아 오는데, 그 하루가 저만치 멀어진다
그 아래 세상 흔적은 그을리며 하루의 시작이다
어둠을 덧씌웠던 것, 그 어둠을 벗는다
나는 그 중심에 서서 기억 속에 하루를 새겨 두며
더욱 그 너머의 뜻을 헤아린다
하늘에 드리운 구름층이 세상 여로에 부합하고 있다
그 위에 하늘은 파랗고 높다
새벽, 새로운 날에 그 새로운 의미,
어제의 흔적들은 오늘로 깨어나고
깊고 깊은 중심의 관망을 새겨내게 한다
그렇듯 산과 들, 그 속에 파리한 속내들
돌과 나무와 꽃과 산새들,
모두가 새벽 여로의 문밖으로 드러난다
세상 신비로운 증거다

제5부

나무여 너도 시를 읊어 다오

두견새의 밤

깊은 밤 여로에 파수꾼의 고백이던가?
거기 구슬픈 울음이어라
못다 한 울음일 것이면 아픔이던가?
울어야 속 시원하였다면 그렇게 우는 것이라

아주 먼 길 홀연히 날아와서
울창한 숲의 정념을 깨우치고 또 깨우치는 몫으로
단 몇 개월간에 걸친 애달픈 몸부림
고적한 상념의 귀로 일컬음이라

세상은 낮과 밤을 통과하며 사는 것을
거기 지나온 추억의 길은 무수한 망각의 길로 어두웠다는 것을
누가 그 허망한 처세를 나무랄 것인가?
그 경성의 밤으로 우러를 것인가?

두견새, 마을 가까이 다가와서
그 어떤 청승맞음의 굴욕까지도 다 접어 둔 기척으로
밤이슬이 내리고 달빛 노숙하는 녘에
그토록 깊음의 소절 남김이어라

그렇게 소원의 밤을 지나고 있으니

그 어느 새벽이라고 아름답고 소중하지 않던가?
그것은 그리운 훤함의 경청,
고적한 울림 속에 여묾이어라

두견새의 울음 자락 그 울려 퍼짐
한 소절 두 소절 회한이 되고, 기다림이 되었으니
저만치 내디딜 발붙임의 땅,
새벽을 긷는 몫으로 생애 위안의 눈을 틀리라

장다리 물떼새

뚜벅뚜벅 걸어서
생애 현장 속으로 일컫는 걸음
바람의 정을 들썩거리나
나지막한 물가에
노니는 먹이사슬 꾸리며
구부리는 장다리
닮은꼴 새끼를 이끈다

거기 물끄러미 시선 가닿을 때
애증의 사랑이 돋보여
생명의 숨결이 번지는
세상의 낭만,
어림잡아 우둔함을 깨우듯
지긋한 흔적이 되어
숭고함의 가치로 뒤척인다

사뭇 질펀함 속에서
길어 올리는 물떼새의 삶,
애틋함 풀어내는 몫으로
가다듬을 그 가시거리
풍경 속에 울림이려니

낮추어 바라는 하늘 글월의 메시지로
사랑 돋보이는 훈훈함이다

사막의 장미(석화)

척박함 속에 꽃이여,
세상 그렇게 부요함이라면
눈물의 값은 충분하다

애증의 가슴앓이 속삭임이여,
바람의 날들 헤아렸던가?
그 환희로 충분하다

어떤 궁색한 변명이라 하여도
막막한 사막의 땅으로 지나쳐 버리지 않는
그 소망으로 충분하다

더욱 무엇을 말할까
그곳의 아름다운 숨결의 향유
그게 세상의 결실이다

만감의 꽃이여,
그 숭고한 여울의 깊이로
나그네 시름 충분하다

나무여 너도 시를 읊어 다오

나무여,
봄빛의 시를 읊어 다오
연한 새순의 시를 읊어 다오
그 시는 새로웠다
싱그러웠다
여린 가지 곧게 움을 터
푸른 시를 읊어 다오
향긋한 시를 읊어 다오
그것으로 끝이던가?
시를 숲으로 가꾸어
시를 청명함으로 가꾸어
그리하여
새들이 깃든 시를 읊고
그 울림의 훈훈한 시를 읊어 다오
나무여,
나는 그 이름의 시를 쓰고
그 푸름의 시를 쓰고
그 기억의 시를 쓰리라
나무여,
그런 시를 읊어 다오

맹그로브 나무에게 그리운 말

바다의 나무라고 말하기엔
어쩜 황당하다 하였을 그 현실을 품고
아니라고
하고픈 말이 있다고
제 그리운 표현
그렇게 푸르고 있었구나

바다의 숲이라고 말하기엔
어쩜 낯설었을 그 세월을 품고
그렇다고
짭짤함 속에 울창하다고
제 애련한 뜻
그렇게 가꾸고 있었구나

바다의 평범함이라고 말하기엔
어쩜 그토록 질퍽하였을 그 자리 얼기설기
뿌리내렸다고
밀물과 썰물의 갈망이라고
물결치는 소리
그렇게 읊조리고 있었구나

바다의 섬이 아니라고 말하기엔
어쩜 고독이 더하였을 그 나무요, 그 숲
정말 그렇다고
숲의 향긋함이라고
귀띔의 그리움이라고
그토록 흔들거리고 있었구나

* 태국 푸켓 팡아만 맹그로브 나무 추억에 부쳐

구계등의 노래

그 많은 세월이
그토록 반질반질해졌구나
세월이 스승이던가?
알 수 없다고 하였을 때
몽돌들의 구슬픔이
거친 바다를 향하고 있구나
쉼표처럼,
높낮이를 오르내리고
더 닳아야 한다고
하모니의 결성,
기다란 해변의 소리샘
가만히 들어 보면
숱한 가슴앓이 정담이라고
쏴아, 쏴아 흐른다

* 완도 정도리 구계등엔 몽돌들의 함성이 가득하다.

기린의 삶

키 큰 기린을 기억한다
걸음걸이도 그렇고
저만치 내다봄도 그렇고
기린은 뚜벅거린다
기다란 고개 45초 이상 숙일 수 없는
그 생존의 비법,
그 이상이면 질식사란다
그런 생사의
간발의 차를 버틴다
고개 쳐든 것이 거드름이 아니다
세상 간발의 차를
얼마큼 다짐하여 보았던가?
또 사랑이어야 한다고
애상이어야 한다고
그 나름이었던가?
잊기 쉬운 그 쉬운 예를
숨 쉼의 가치로
세상살이 기억 가꾼다

소라게

패각을 짊어지고 살아도 행복은 행복이다
내민 집게발 더듬이로
구성지고 애틋하게 짭조름한 일생
먹먹하게 주름 잡는다

흔적의 아릿한 그 그늘,
이미 사위어 간 무게를 버티며 삶이란 단어를 쏟다
여력을 보면 뚜벅뚜벅 거인의 발길 아래서
세상이란 기척에 하나다

세상 그 어떤 추억을 엿보아도
모든 앞으로의 길을 거부하고 옆 방향으로 걷는 걸음이란 애초부터 없었다
똑바로 앞을 향해서 나아가는 역사다
거기 어둡고 밝음이 있을 뿐이다

어차피 한번은 저 패각의 고백이다
이미 몸부림치고 있는 것을
함부로 모순의 걸음이라며 집게걸음 탓할 일 아니다
그 방향 헤아려 둘 일이다

지금 삶을 논할 때, 생각이 깊어질 때
무엇을 얻으려 함일까, 남기려 함일까, 어떤 목적인가?
패각을 짊어지고 살아도
집게발의 방향 가다듬을 일이다

홍매화 3

잊힌 듯 그곳 깨어남이건만
그 황홀함에 대하여
어디 하나 변함이 없구나
그토록 눈여겨보았다고
다짐하였을 터
하지만 기억은 쇠하여
까맣게 잊고 말았지
그것도 시린 날에는 더더욱
움츠러든 사랑이었다
함께하자는 편지를 써야 했는데
마냥 잊고 지낸 그날에
그렇게 붉어져
옛정을 갖추었나니
바람결에 띄우는 봄빛이여,
고적한 시름의 강
곱게 헤아리고 있구나
세상 그래야 한다
나도 그래야겠다

* 홍매화의 편지를 읽으며

고독이 말을 할 때

나를 찾고 있다
운둔의 땅을 다 뒤져
어찌 여기까지 왔느냐고
세월의 줄자를 잰다

응답이 요구된다
좀 더 생각해 보자고
사려 깊은 기회가 아직 남아 있다고
연신 뒤척여진다

나는 거기 이미 있는데
나는 숨지 않았는데
모른 체인 듯
부질없게 얼굴, 손, 다 내민다

어쩌든지 간에 이 거리
좀 더 지켜보자고
두둑하던 봇짐의 무게를 훌훌 털던 차에
나도 조금씩 말문을 연다

봄 마중

그대, 일어서는가
저만치 창밖의 봄을 보라
눈물 나고 가슴 시린 그 언덕을 넘어
봄빛은 찾나니
그 훈훈한 기별에 나서라

그대, 발길 재촉하여
동구 밖 그곳으로 가 보라
거기 길모퉁이에서
실개천에서
모두가 설레어 있음이라

그대, 늦지 말지라
어서 마음 서둘러 가서
나뭇가지 물오르고 꽃눈 번뜩이는
그 귀로에
그 하늘을 보라

그대, 그곳에서 돌연 눈시울 붉어도 좋으니
그 어리광이 소회라도
결코 흉보는 일 없으리니

거긴 유심한 갈급이

봄빛 이고 지고 있음이라

* 우러른 가슴 하나에, 우러른 삶 이랑에 봄빛은 경이롭다.

야생초

일평생 사는 동안
야생의 길을 잊지 마라
거스르지도 마라
무시하지도 마라
그 옹골짐 두고 볼 일이다

그곳에 마디졌으면
못다 핀 꽃송이란 없다
그 향긋한 배회
시절로 깊었거니
헐값이 아니다

골 깊은 바람의 노래
알고 보면 그 형언들
너와 나의 것
그 한참의 맞섬
오롯이 외울 일이다

그동안 삶,
구슬피 엿보았다면
저 외침의 야생

애설게 살펴
가슴앓이 보듬을 것이라

달빛 호수

해마다 이맘때면 그랬던 호수
어김없이, 숨김없이
갈색 풍경의 달빛 띄워
깊고 높음 내비친다

그 어떤 것을 거울 삼을까
정적은 도드라지고
고요는 그 무게를 더하고 있는데
그 무슨 딴청일까

숱한 날들 아련히 추억 아롱져
그 회한의 창을 열면
그렇게 갈 빛 달이 뜨는 거라고
어느 사랑 속삭인다

어차피 살아가는 날 그런 거라고
유심한 듯 아등바등 여로에
무르익고 만 것을
밝은 기척에 새겼다

진정, 그리운 가슴이고 싶었던가

달빛 호수의 물음인 듯
두리번거리지 않아도 될 높은 하늘빛이
시절로 푹 잠겼다

* 늦가을 산골 호수, 낙엽 둥둥 뜬 풍경을 보면서

다도해

아주 오래전부터 섬은
바다의 물음표
고독한 이야기꽃을 피우려
그토록 아렸을까

닿지도 떠나지도 않은 그 자리
물끄러미 한구석 도드라져
너른 바다 아른아른
갯냄새 절였나

거칠게 세월 다그칠수록
우직한 침묵의 버팀
어느 향유 움터 오를 몫이랄까
그 기다림 천년 고개라

이미 경험의 고백은
그 결실에 다가서는 것을
언제고 들물 날물의 그 편린을 따라
지긋한 목마를 탄다

섬과 섬 사이

수많은 날들 흘려보내며
언제고 시선의 수평선 모질지 않게
형언의 그림자 짙다

가로등

이미 익숙한 길이었다 하더라도
어둠이 내려앉은 길은
으슥한 반전이다
우두커니 길을 닦는다
밝은 기억 한 줄기 곧게
여느 품삯은
집으로 가는 길을 닦는다
아차의 순간
익숙함은 허물어질듯
발아래 기척이다
가고 옴이 비친다
유심하고 고요하다
어떤 고사성어 덧댈까?
감추고 싶은 것들이
한둘이 아닐 터
산새도 바람도 잠들 시간
서슬 퍼렇게 삶,
절이지 않아도 될 자리
아침이 오는 그 반전
휘영청 불빛을 닦는다

별이 잠들 시간

장엄한 우주 속에 작은 길을 달린다
준엄한 새벽길이다
그러나 제한의 길이다
옆으로 갈 수 없다
뒤로도 갈 수 없다
모두가 내 길이 아니다
그저 앞으로 달린다
우주 속에 기척이다
제한의 기척이다
내 기억의 창고엔 여운만이
아물아물 쌓인다
오늘도 그 흔적이다
나는 그 하룻길 가슴으로
나의 생명의 길이를 잰다
넓은 우주 속에 숨결이다
나는 먼동이 터오는 검색을 받으며
우주 속 그날의 오늘,
그날의 길을 달린다

* 새벽녘의 흔적을 의식하며

개미취

계절의 울림을 간직한 채
그 자리 버텨 낸 뜻
살다 보면 잊기 쉬운 것을
경이롭게 거드나

누가 그립다 하였으리
저 수줍은 듯
아릿한 아름다움
바람의 그늘 자처하나

몸 낮추어 바라보면
아름아름 서럽지만 않은
애틋한 설렘일까
그 실현에 부요하나

한 줌의 행복처럼
적막함 달래 주련 듯
그 어떤 그리운 값 쳐주려
그토록 순수하나

멋이다 멋이여,

정이다 정이여,
가뭄으로 들춘 이름
낮은 지경의 벗이구나

집시들의 언덕

소중한 목도
정말 그렇게만 여겨진다면
그렇게만 닳고 닳기만 한다면
그 언덕의 기억 하나쯤
다 하고픈 말, 더 엿듣고픈 말
갈채란 그렇다고
선하게 꼬집을 일이다

무엇이 어루만져지던가?
흔적의 이유이던가?
그렇게 무심함만 떨쳐 버리면
값을 쳐주는 일생,
질펀함에 나아 앉아도
시선은 밝다고
힘주어 일러 줄 일이다

둘러보면 아픔 속에 위안
그 무게를 버티며
형언의 바람 부추기나니
기꺼이 그 향긋함 견줌이거든
속절없어도 구슬픈 멋

더욱 짙다고
주저 없이 두둔할 일이다

너덜지대

그 길은 지나가야 하는데
어떤 것에 대하여
두리번거릴까?
깨어져야 하리
부서져야 하리
눈물은 이런 거라고
옹졸함을 벗고
눈물의 가치
훔쳐야 하리

개기월식

밝던 달이 밤하늘에서
눈가리개 놀이다
그믐과 초승과 반달,
지구의 그림자
그 눈금의 놀이다
달빛이 걸친
지구의 그늘이다
언제 보았던가
저 그림자,
땅을 밟고서
고개 들어 밝음과 어둠 엿본다
무릇 내 마음속에도
그믐과 초승과 반달과
둥근 달이 뜬다
그 훤함의 눈금
달빛 여운을 본다

망초꽃 사랑

꽃이 아닌 듯, 꽃이라고
사랑할 수 없는 듯, 사랑함이라고
천하에 그을려 사색 어린 꽃
더더욱 비켜 갈 수 없는 곳
길섶의 외로움 풀어내고 있다

짙게 배인 눈망울 꽃빛이라고
언뜻 이슬 머금어 행복한 꽃이라고
기꺼이 뙤약볕 버티며
가히 흐드러진 꽃이라고
뜨거운 이해심 불러일으킨다

그 얼마큼의 자초지종
그렇게 꽃이라 하였을까?
그렇게 사랑이라 하였을까?
부득불 애증의 꽃
속삭여 애달픈 정이어라

그 보람, 바람의 보람
그 이끌림, 세상 영광의 이끌림
그렇게 관망이어서 아름다운 꽃

꽃이듯, 그 형언이듯
그렇듯 그리움의 망루이어라

가시를 짊어진 꽃

7월에 핀 어떤 그 꽃
가시를 짊어지고 있다
빨간 장미도 아니다
찔레꽃 흐드러짐도 아니다
나에게 있어서 아직 이름 모른 꽃
그 꽃은 하얀 꽃빛으로 아름답다
그 꽃빛 숭고한 그늘 아래 떼어낼 수 없는 가시,
덕지덕지 아픔이라는 이유를 읽힌다

꽃은 환희이고 희망인 것
그리고 소망의 밝기로 거듭 내비치는 것
그것만이 아니다
꽃빛 수려한 고백 속에는 가시의 서러운 이유다
그런 이해심으로 살피는 나그네,
삶의 그늘 속에 가시를 읽는다
그것은 내 안에 서린 가시다
저토록 꽃의 가시처럼 아픔이다

그리하여 미움, 다툼, 시기, 질투라는 경계해야 할 가시
그토록 빗대어 짊어진 꽃의 가시를 읽는다
하지만 꽃의 가시는 먼저 아픔을 주지 않는다

언제고 엿보임의 일컬음이다
그렇듯 의미심장함을 다져내고 있거니
이름 모를 하얀 꽃의 단상이다
가시 많은 꽃의 위로다
바람결이 거들고 있다

갈대는 말한다

오솔길 같은 실개천 굽이굽이
갈대는 자란다
그 번짐의 기척은 겉 뿌리 성큼성큼
뻗고 뻗어 울창한 날들
자갈과 모래톱 뒤섞인 곳에
그 바닥에, 줄기를 세우고 꽃을 피운다
이미 흔적의 말이다
그 할 말이 뿌리 깊고
그렇게 줄기찬 것을 엿본다
미처 몰랐다
겉만 훑는 판단에 진정한 눈물이 짓밟힌다는 것을,
그 사무침 알기까지
세월이 얼마큼의 약이던가?
갈대는 말한다
누군들 제 흔들리는 갈대란다
그런 할 말이 내면에
얼마큼 진솔하게 꽉 채웠냐 한다
아주 선한 기척이다
굴곡진 그 바닥에 진지한 담론,
갈 빛 꽃으로 말한다

실버들 애수

길게 늘어뜨린 정이듯
철 따라 절절한 값어치에 대하여
더듬이 시선 어루만져도 알 듯
촉촉한 연민의 이유 심밀로 고취시킨다
그 어느 여의어 간 뒤안길
그 반색으로 구슬퍼
어느 가을 이야기 이끌어 내나
어쩌면 그렇듯
애틋한 연가
실버들이 내비치듯
너와 나의 그리움,
정녕 어떠냐고,
바람결이 서둘러
아리듯 가눈다

이슬의 꽃

언제고 어둠 속에 빛나는 것이다
은빛 소회가 방울방울 맺힌 이슬의 꽃
세상은 그 환희를 읽을까?
그리고 소망의 땅이라고 여길까?
지난한 사유 속에서 빛난 꽃
어느 가슴 속에 깊은 뿌리가 되어
영원히 지워지지 않은 이유가 될까?
숨어서 소리 없이 내린 꽃
여명이 밝아 오고 그 여명 아래서
실체로 드러난 촉촉한 담론의 꽃
세상 은총의 꽃으로 맑고 맑다
누가 덧없이 새겨 두었을 이슬의 꽃
그 속에는 시원의 꿈이 서려 있다
비밀스럽게 읽히는 그 꿈
천하에 기억이 감격스럽게 젖어들까?
언제고 새벽녘에서
더욱 절정을 이룬 이슬의 정점
아침으로 눈뜬 그리움에게
신비로운 세상 물음이 될까?
그리하리라, 이슬의 꽃
바람 속에 향유의 정 남기리라

제6부

청산의 메아리가 아름답다

별빛의 바다

별이 뜨지 않아도
별빛의 바다는 별빛을 사랑한다
그 그리운 바다를 더욱 아파하는 고백은
그 별빛 가슴앓이다

머나먼 기억 하나
감추고 서성이는 이날에
그 벅찬 여울 가누며 은빛 별빛 헤아리는 인애
촉촉한 이슬이다

그토록 몸부림쳤어도
여기 환히 추억해 보라고
물 깊이 내려온 감촉의 별빛 어룩어룩 번져
구슬픔에 가없다

언제 멈추었을까
이 밤 결에 빛나는 여울 감
비바람 일어도 가득하였을 숨결들
숨은 이름 하나 속삭였다면 행복은 굵어졌겠다

마주한 반도와 섬의 조우

밤마다 별빛 먹먹한 그리움인 것을
이 바다 얼룩져 아름다움 몫의 그 태연함
별빛의 바다는 말하고 있다

* 홍콩 항구에서 야경의 밤바다를 바라보며

애증의 거리

그 어디, 그 무엇을 보아도
나는 거기 나그네
그 길에 숨결이라오

그 어떤, 그 어떤 것을 느껴도
나는 그곳 나그네
그 일련의 정이라오

그 머무름, 그곳에 짙어도
나는 잠시 나그네
머나먼 그리움이라오

그 어디일 것 같음, 들여다보나니
나는 그런 나그네
그곳에 잠시 모습이라오

그 어디, 그 무엇을 들어도
나는 울림의 나그네
그 기꺼운 몸부림이라오

언제고 그 어디에서라도

나는 언제나 나그네
그런 애증의 고백이라오

* 홍콩, 침사추이 시계탑 아래 매끈하게 자란 가로수에 기대어

칠레 홍학

칠레 아타카마 사막 소금호수에
홍학들이 춤을 춘다
짭조름한 고산의 더 깊은 비경, 삶의 서식으로 엮으며
잠시 비상의 꿈 밀쳐 둔 무아지경의 몸짓
저건 생존의 예술,
그 숙련의 기억 되돌리며
발레리나 같은 반원의 아름다운 격을 품어
발을 동동 구르고
부리로 빨아들이는 플랑크톤,
희열의 맛이라
어느 눈 맞춤의 산물이 되었으리
그런 형언의 몸짓 가다듬었으리
붉은 요람의 띠를 두르고
또는 성큼성큼 가치를 두르고
기막힌 단내를 가꾸어
저런 기술의 습득이었으리
플라밍고!
그 굴레를 깁나니
척박한 환경의 지혜를 익히나니
불모지 같은 그곳에 깃발 같은 예술의 정점,
소금호수에 물끄러미

칠레 홍학들의 충만이 태연스레 펄럭인다

* 안데스 산맥에 펼쳐진 고산의 땅, 그곳은 칠레 홍학들의 서식처다.

노랑나비

8월의 하오, 패랭이 꽃밭에서
노랑나비 한 마리가
이 꽃 저 꽃 넘나들고 있다

꽃은 무동 태우고도 끄떡없다
아마도 암암리로
소통의 흘림체는 읽힘이다

은유는 나의 몫이다
추억도 나의 몫이다
헤아림도 고고한 나의 몫이다

꽃을 엿보는 까닭은
꽃의 사랑이며
그 기억이다

유충의 껍데기를 벗고 나비가 되듯
그 나비가 꽃을 만나듯
세상은 그 어차피의 값이다

노랑나비 그 본능의 날갯짓으로

한결같은 꽃밭 두루두루
그 경이로움 훨훨 내비치고 있다

꽃마리

너의 선 곳은
어진 꿈의 풍경이라 하겠다
무척이나 고적한
그곳의 터를 잡고
작디작은 기억의 고움
가히 소중하구나

무엇일까
그 무슨 답례일까
하지만 나는
그 소회 다 풀지 못하느니
어이 가엾은 가쁜 세상살이
귀하고 귀하다

그렇게 한사코
피어나야만 하는 것
그런 한 귀퉁이 외침
그 시련 두고
올곧은 행복의 미소
진정 값지게 보듬고 싶다

흔적이 그렇듯
낮고 낮은 연민의 기별이라지만
그래도 들추어낸 시절
헤이다 가다듬는
그 향긋한 멋을
한 아름 품고 싶다

* 꽃마리: 햇볕 잘 드는 곳에 피어 봄을 알리는 꽃이다.

등대풀

꽃이 피기 전에도
5장의 커다란 잎에서
빛나는 윤기가 등대 같아서
그 이름 지어진 풀,
의미를 알면 화들짝 놀랄 것이
유독성 식물,
경고 문구는 없어도 함부로 만지거나 먹었다가는
옻이 오르고, 구토, 복통, 설사
그 조심성이다

절실함 누적의 풀
세상 그 흔적의 경위를 들여다보면
저만큼 귀띔의 결제가
삶의 거리 경고등의 예를 갖추어
숱한 입소문의 지혜를 두고
버젓한 담론의 풀,
저 헤아림의 기억과 땅의 아픔
그 초록빛 다 사위도록
토성의 불빛이다

하여, 어지간히 저력

어느 한숨의 골짜기도 그려내고
담담함의 길도 언뜻 비추며
시절 더불어 내면에 감춰진 온갖 비사도 속삭여
그곳에 희망도 들춰내는
세상 애달픈 조력,
땅을 밟고 사는 추억 곁으로
그 가엾음 올곧게
별자리 꿈 하나 엮어낸다

* 등대풀: 산과 들 초지에 무성하게 자라며 꽃은 황록색으로 5월에 핀다.

솜방망이

어떤 처분의 아픔
솜방망이로 문질러라
먼 산 아지랑이 피어오르는
그날의 고운 처세
그렇게 수줍게
생애 노래 엮어 주라
산 노루, 꿩, 산새 소리 더불어
청산 메아리 깊으면
어딘가 울림의 기억
재 넘어 그리움 짙다
꽃빛이여!
솜방망이 꽃이여,
어느 우중충한 정
회한의 법으로 순수하고 부드럽게
깊은 멋의 심사 돋우어라

* 솜방망이: 꽃말은 '안전합니다'. 5-6월 양지바른 들에서 노랗게 핀다.

나물 식탁

진수성찬이다
땅에서 자란 가장 지극한 찬이다
이런 갈채를 언제쯤 비로소 행복이라고 하나
다들 제철의 맛이라고 이윽고 건강의 비결을 토로할 때,
떠나간 그곳으로 움트던 것들,
뒤뜰의 평화와 앞뜰의 그리움이듯
가까이 식탁의 제 몫은,
시절의 향긋한 향취로 가득하거니
이런 입맛이란,
소박한 행복의 미소 짓는 것,
입안 한가득 풍미로
누림의 가치
이슬 자락 영롱하듯
깊은 맛이다

봄날이듯

숨은 듯 피어나리라
작은 꽃잎 숭고함으로 피어나리라
거친 땅에서 부드러운 숨결로 노래하리라
회복의 거울이 되어 내비치리라
땅에서 외는 영광이라고
그동안 밑거름 새겼다고
훈훈한 봄바람에 깃들이는
애증의 갈망,
아지랑이 꽃빛으로
땅에 소원 노래하리라
이토록 봄날이듯
그 지고함이듯
그리움 풀어지리라

비빔밥

이것저것 넣고 쓱쓱 비비면
온갖 풍미의 맛이
그처럼 비빔밥의 매력이다
세상살이 대충 쓱쓱 비벼서 아픔이 있다지만
그 함량의 초과는 더부룩한 포만감을 넘어서 끝내는
치유하기 힘든 소화불량으로 이어지는 법
하지만 시골내기 비빔밥,
진수성찬의 명성은 저만치 밀쳐 두었어도
그윽한 봄맛의 깊이로
콩나물과 쪽파 향과 봄 동과 냉이의 맛과 시금치 맛과,
그리고 고추장에 계란 전까지
그야말로 대충 쓱쓱 비비면,
그 맛은 인생 성공의 맛,
고스란 떠넘긴다
아직도 온기 서린 뚝배기
거친 세상살이 맛이듯
두 손으로 감싸는 행복이다

상승기류를 타라

페루, 콜카 협곡 그 장엄함 속에 솟구치듯 불어오는 바람,
그 상승기류를 타고 유영하는 새,
세상에서 가장 큰 새 콘도르,
3미터의 긴 날개를 펼친 날갯짓 장광으로
그리운 축복의 자유를 품고 있었다
어떤가? 저 유심한 그곳으로 세상사 저명한 할 말이 어떤가?
그대, 상승기류는 어떤가?
미완의 땅으로 남겨진 아직 꿈의 곳,
영혼의 꽃은 어떻게 피어나는 향유이던가?
그곳은 상승기류의 절절한 곳으로
그렇듯 콘도르의 힘,
세상 기회를 가늠하는 밀월이듯
그대, 행복의 요소는 어떤가?
경험이 처절한 가슴앓이 추억이라도
숨 쉼의 경이로운 이해심이여,
저토록 지적의 협곡, 저력의 꿈으로
콘도르의 비상은 쓸쓸하지 않다
깊은 수렁을 헤아리던 곳으로
유심하게 차오르는 유유한 헤아림의 역설,
행복이여, 어둡지 않다
그토록 굽이굽이 이어진

천 길 낭떠러지 아찔한 콜카 협곡,
어떤 상념이 깊어지나?
그곳으로 생을 건 콘도르,
그곳은 이 땅의 경청의 미학,
날갯짓 바람으로
공허함 속에 한 송이 꽃이듯
콘도르의 시선은
상승기류에 충만하다

* 페루, 콜카 협곡, 콘도르 비상에 부치며

양귀비

어떤 아름다움이 더욱 웃음 지었을까
뜻이 있는 아름다움이
그것도 아주 작은 귀띔이었듯
세상의 가장자리
아꼈을 애중,
기억 속에
추억의 양귀비는
아직 저만치
그토록 대답 없으니
나그네 몫이다

* 대만 고궁 박물관에서

스펀 출렁다리

아주 오랜 흔적이 이끼 낀 흔적으로
이젠 추억의 오늘을 가꾸는 지금의 민낯으로
아직 건재하다
세상 변방의 기억이 서린다
이곳까지 나아와 마주함
이렇듯 평범함 속에
수많은 속삭임 내비치는 곳,
기적소리 다시금 풀어내듯
오랜 정념의 여운
잠시 스치는 벗들에로
구름처럼 띄운다

* 대만, 스펀 출렁다리 추억에 부치며

콜로세움이여

흔적은 준엄하다
너의 계단, 계단에서 들떴을까?
사방을 헤아리듯 함성의 소용돌이 어떠하였던가?
사생결단의 처절한 도가니
그렇게 목적은 향유라고 뜨거운 이슈,
그렇게 목적은 지금,
거울이라고 할까?

형성은 울림이다
괴성의 슬픈 여운의 끝은 꺾이었구나
아득한 자성의 아성이다
멀어진 이야기들
하지만 너의 품 안은 지금까지다
어제의 기억처럼 지금,
어떤 진척 떠오를까?

이젠 추억이다
다시는 그렇지 않아야 한다는 여지
그렇게 뒤척이던 곳으로
세상은 눈을 뜨고
발길의 무게는 닿는다

콜로세움이여, 지금,
달빛의 여명일까?

* 로마 콜로세움, 추억에 부치며

루피너스

그리운 이야기 저런 꽃빛으로 말하려 함
층층이 쌓아 올리듯
봄빛 바람결에 사무치는 듯
그윽한 반향의 노랫말이듯
척박한 지경으로
지극 정성의 이끌림,
소원의 등경 밝혔구나
천여한 꽃 심,
그 어디에 어울려도 소중함,
영광의 시나브로,
그쯤의 애틋한 벗으로
해 아래 지번이듯
꽃빛 색감으로
청원의 그윽한 이유,
넌지시 갖추었구나

* 제주 곶자왈 공원 루피너스 향유에 부치며

안개

잠시 묻고 싶은 이야기다
그 어디쯤의 방향이라 하듯 헤아림이다
무엇을 두리번거릴까?
유심하게 내비치는 아득한 소회,
안개는 잠시 뜬구름의 역설로 마주치는 갈림길,
하지만 빠져나가는 길을 외듯
그저 무례하지만은 않다
내달림에 있어서
무릇 경각심의 하나이듯
풀어 둔 곳으로
끝내 이슬이 되어 흐르듯
촉촉한 감촉의 정념,
까마득히 잊은 그곳으로
다시금 일깨우는 반영,
잠시잠깐의 추억으로
영광의 목적이듯
세월의 묵시록이다

청산의 메아리가 아름답다

그토록 상승의 바람결을 타고
골 깊은 추억의 강을 건너듯
청산의 지극한 메아리
세상 전역으로 바람이다
청산의 깊은 울림이여,
동서남북, 사방으로 울려 퍼지듯
귀담아 듣는 소중함들
이토록 시절 아로새겨 둔 까닭,
눈시울 뜨거운 회한일까?
저마다 주마등 밝혀지고
타오르는 연민의 깊음이듯
이젠 두리번거려도
족히 다짐이 가까이라고 하리니
언제고 바라듯
짙푸른 신록의 청산,
그곳으로 이슬이 모아지듯
맑은 물줄기 흘려보내듯
세상 청산의 메아리

아름답다는 말로
정녕 꽃이다

* 한반도의 봄을 엿보며

민들레 씨앗

그렇게 움튼 다음,
그렇게 아름다움 꽃피운 다음,
그렇게 하얗게 씨방 갖추어 낸 다음,
그동안 쓰다듬고 지나가던 바람결에 기대는 까닭이여,
하얀 민들레여!
한반도의 민들레꽃이여!
그토록 덧없이 뒤척이던 날에
시절은 꽃을 부르듯
또한 뜻을 부르듯
연민의 가슴을 두드렸다
이제 더욱 흩어져라
저 바람결의 숨으로
내쉬는 갈망의 여울이 되어
그리운 씨앗의 땅,
자유의 함성,
민들레여,
하얀 꽃이여,
곳곳에 내비쳐라

* 한반도의 봄을 엿보며

금성산 찔레꽃

오랜 역사의 저편이 가까이다
산행 길 굽이굽이 옛 바람 소리 스치고
기슭에 기대듯 하얀 찔레꽃이
연민이듯
나지막이 웃는다
비켜 갔을까?
지나쳐 갔을까?
금성산 찔레꽃 메아리,
올라갔던 길,
되짚어 내려오던 길,
비로소 사연
나누고 갔으리라

* 담양 금성산 산행 길에서

계절 띄운 찻잔

따스한 찻잔 속에 계절이 띄워진다
할 말이 많은 그 사연이 녹아들고 있다
추억 속에서, 그리움 속에서, 발휘되고 있듯이
그처럼 젖어 드는 찻잔 속의 것들
마시고 또 마시며 음미하는 아련한 속내
여운으로 느끼는 행복한 쓸쓸함이다

하지만 더욱 데워지는 그 처연한 고독이랄까?
세월 속에 밑줄로 두터워지는 것을
찻잔 속에 피어오르는 훈훈한 만감이다
사랑이라는 절대적인 그 이유가 아니런가?
저버릴 수 없는 이 땅에 지난한 소요들,
진토 속에서 풀어내고 다듬어내 마땅한 것을
그 어찌 냉정하게 뒤돌아설 고백이런가?

따스한 찻잔 속에 낙엽이 어린다
기억할 얼굴들이 떠오른다
시들지 않는 정담들이 가득하다
그 원함이 찻잔 가득 절절하다
그렇듯 맑고 짙은 계절이 두터워진다

홍가시나무 아래서

청춘의 그을림은 뜨거운 입술로 말하라
거뜬하게 이끌리는 기척으로
바람결의 어순도 부끄럽지 않다
세상은 무르익어 가는 곳이라고
꿈의 절정을 다짐하였으리라
흔적의 배회는 허망함이 아니다
절대 고독 속에서 피어나는 부요한 발자취다
시절을 걸머쥐듯
그토록 부름의 땅으로
매서운 눈보라, 비바람 겪어내고
첩경의 고진한 이유,
소원의 달무리처럼
겉과 속이 하나인
그 몫으로 그림자이듯
애증의 낭만 부른다

화살나무

하필이면 그 이름 화살나무
한사코 그 어디쯤 겨누고 있나!
힘주어 그 자리 정직한 겨눔이다
그것은 무엇을 맞추어 타격하려 한 그 목적이 아니다
그런 화살나무를 보았다
아마도 잡지 못한 그림자를 맞추고 있지 않나?
상처를 주는 것이 아닌,
한사코 꺼낸 붉어지는 그리움이다
누군가 밝히고 얻고 갈 그 목도,
아픔이 있는 심령에로의 속내,
바라볼수록 진정한 심연의 쏘임
가식적인 능청도 아니다
가히 겉치레도 아니다
이토록 세월 나기 견주어 이른 나무,
그 이름 화살나무,
사무치게 고적한 눈빛 겨눈다
자신의 가치를 손상시키지 않는 흔적의 나무,
그 범위로 쏘아붙일 것이면
더욱 읽히고 읽힐 화살나무

고결한 진리의 숨결이다
나무에게서 엿듣는 기억
나의 기도의 발휘다

동백이 피었네

동백이 피었네
곱게 피었네
말없이 피었네

깊고 깊은 상념으로 피었네
그 누구의 몫이 되어 피었나?
아름다운 소원의 일념 밝혀 피었네

그 어느 사랑이 저기 서렸나?
그 어느 그리움이 꽃빛 읽었나?
그 어느 행복이 새겼나?

세월 그저 눈감지 않고
고결한 꽃빛 사랑 다지듯
동백꽃 피어났네

바람결에 울려 퍼질 그 속내
따뜻한 가슴앓이 몫의 향긋한 토로
동백꽃 피었네

제비꽃 틈바구니에 피다

도심 도로변 한 틈바구니
보도블록 가장자리로 밀려 줄지어
거기가 꽃의 텃밭이라고
꽃빛 심호흡의 담론들이다
가고 오는 길 내내
눈에 밟히고 애끓음으로 길쌈이다
소중한 시절의 화두,
봄빛 소회의 글월로 읽힌다
여린 분홍빛 제비꽃
이미 강남 갔던 제비가 도심을 밝힌다
거기 추억으로 가슴이 뛸까?
먹먹한 그리움이 다독거릴까?
그토록 도심 길가에
날마다 아이들이 지나가고 있는 것
아무렴 그 등굣길 하굣길에서
제비꽃 기도는 빛나고 있다
제 몫의 아름다운 기척
바람결에 꽃빛 꽃눈 에둘러
하늘 아래 밝히고 있다

저녁으로 가는 새 2

저녁으로 가는 새
둥지를 향해 가는 새
하루 일생의 기억 안고 가는 새
어둠 속에 기거함
저들만의 희망이어라

저녁으로 가는 새
발아래 세상 읽는 새
그들만의 사랑 속삭이며 가는 새
살포시 바람 곳 읽혀 내거니
저들만의 행복이어라

저녁으로 가는 새
다시 맞이할 그 하루
간밤의 꿈으로 간직할 것이라
저녁으로 가는 새
다시 아침으로 나서리라

저녁으로 가는 새
한날의 여로 여미고 가는 새
세월 속에 날갯짓 허공에 기억 남기는 새

이슬 내린 그곳에 눈떠 이를 때
더욱 소원의 한날 밝혀 나서리라

제7부

강은 흐르며 무엇을 쥐어짜나

몰래 핀 수국은 누구의 편이나

비로소 수국이 정점을 찍었다
시절의 지난한 숨결을 곧게 내비치며 편을 든다
저곳으로 어떤 사랑이 뜨거워졌을까?
황홀함 속에 퍼 올리는 눈물 젖은 그 행복,
가히 누구의 편이나?
분명 조건이 있었으리라
그저 맹탕 없이 히죽대는 반영이었던가?
떠들썩한 바람잡이에 불과하던가?
몰래 핀 수국이다
지친 걸음걸이가 길을 내고
무딘 가슴이 풀어지는
그토록 수단의 지극하고 고진함,
그로 추억이 웃는다
그토록 수국의 계절,
모두의 기회를 곧게 열었다
그렇듯 수국의 꽃잎은
어떤 어설픔 뛰어넘는 기개로
그리운 편이 아니던가?
몰래 핀 영광이다

꽃의 망루로 저편이 더욱 그립다

높지 않아도 높고
그토록 깊지 않아도 깊고
아득하지 않아도 저만치 아득하고
바람 불지 않아도 바람이 불고
피어난 꽃잎은 꽃빛으로 그리운 여울이다
그리하여 낮아도 낮지 않고
숨어있어도 숨기지 않고
소리 없어도 울림이다
그렇듯 언뜻,
그러다가 저편이
못내 그리워지는 것
꽃의 망루다

강은 흐르며 무엇을 쥐어짜나

다가서면 말하고 싶은 것이다
그렇게 지금껏 흐르고 있다고 하는 것이다
멈출 수 없는 이끌림의 여울이다
내비치고 있는 까닭이다
그저 흐른다지만 무엇을 쥐어짜나?
뚝뚝 떨어지듯 하나?
시절이 젖어 있고
흔적이 서려 있는 흐름
그곳으로 추억은 기꺼이
발자국 소리이듯
흐름 그 너머 염원의 갈채
그 쥐어짬이듯
맑은 그을림이다

모래 위의 꽃

그게 진짜 꽃이다
그래야 바로 의미심장한 꽃이다
잎은 짙푸르고 꽃은 화사하고 향기는 그윽하고
뜻은 만감의 몫이다
함초롬히 해당화,
허물어질 듯
모래톱에 뿌리내려 마디져,
세상 귀결로 한 아름,
여운의 멋 잠겼다
저마다 풀어낼 이유,
그렇듯 고진하다
모래톱의 촉촉한 숨
해당화는 내쉰다

* 신안 자은도 양산 해변에 해당화를 보며

유달산 서시

오밀조밀 만향 숲의 깊음이다
마당바위에서 천 길 낭떠러지 전율이다
익히 풀어 두었을 담소의 아득한 귀띔이 난간에 서렸다
일등바위에서 멀찌감치 서해바다 헤아렸을 만감의 시선이다
발아래 차오른 신록이 그토록 청청한 묵시다
상긋하게 그려내는 그리운 처세다
우직한 다짐이 촉촉하다
언제고 묻어나는 성취감의 여울이다
비바람 눈보라 스쳐간 그을림이다
사방으로 내비친 기운이다
굽이굽이 흘러내리는 맑음이다
그토록 서린 이슬이다
너와 나, 바다의 산이다
너와 나, 도심의 산이다
유달리 우뚝 솟은 산이다
그토록 유달산이다

* 2018년 5월 18일 목포 유달산에서

팔천협에서 9

협곡,
구름의 터를 새겨 두어
그토록 여울지는 바람이 되었구나
짙푸른 갈망을 엿보여
굽이굽이 기별이 되었구나
천하일경의 꽃이듯
나아갈 길의 그 이끌림 갖추어
시절의 정처를 엿보였구나
세상 어쩌면 그런 바람인 것
그 바람이 되는 것
그 기억이 되는 것
협곡의 깊이에서
아찔한 절벽 위에서
아직도 반향의 먹먹한 망루,
어느 그을림의 하나였구나
팔천협곡이여,
영혼의 까닭으로
더욱 절절함 거두어 두노라

* 2018년 5월 22일 중국 산서성 팔천협에서

태항산 아래서 9

깎아지른 절벽이
그토록 바위의 인식이
아찔한 벼랑 숲의 위용이
틈새의 길을 내주어 낭만의 도량 새겼다
말할 수 있는 것은
상념에 젖어 말할 수 있는 것은
가까이 서고 보니 지평의 터전이다
그것이 위에서 그렇고
그것이 저 아래에서 그렇다
높고 낮음에서
굽이굽이 풍경 구에서
그처럼 드러나듯
숲을 이룬 까닭,
절경 속에 숭고한 바람이며,
겸허히 드러낼 갈망의 속삭임이며,
너와 나의 가슴앓이
영성의 심지를 태움이다

* 2018년 5월 23일 중국 태항산 대협곡에서

북경의 인력거

옛 역사의 거리를
그저 한 바퀴 돌고 돌아 나온다
호수가 있는 길
축 늘어진 능수버들 오랜 기억으로 그늘져
문득 고향 지기다
가히 수십 명의 인력거 사람들,
찾아간 그리움이듯
품고 떠나갈 추억이듯
어쩌면 그토록 삶의 단내,
낯익은 생애 지름길로
나그네 시선,
기억의 강여울로
손때 묻은 부표처럼
둥둥 띄운다

* 2018년 5월 24일 북경 후통 거리에서

흑단나무 3

검은 화석처럼
여쭘의 기억 하나, 무겁고 또한 단단하여
빛나는 결실로
비밀스런 속삭임 일깨웠다

존재와 흔적이라는 것에서
그토록 기이한 다짐의 결정체
땅과 이슬과 바람, 또한 세월의 여울로
고증의 기억 갖추었다

뿌리 내린 그곳에 새순 돋고 곁가지를 뻗쳤을 때
검은 속살에 사무치는 것
그 영롱한 빛깔
무릇 헤아리지 못하였다

그리하였던 나무, 뿌리를 접고, 곁가지를 접고
단면을 드러낸 목재가 되었을 때
광야의 절이한 결정체로 정제되어진 애증
빛의 여력 엿보았다

흑단나무에게서 여쭘의 경우

비밀스럽고 숭고한 향유의 영광스런 여로
닳고 닳음 너머로 더욱 묻어나는
광택의 피날레 견준다

* 흑단나무: 빈달래목, 감나무과, 인도와 스리랑카가 원산지인 상록수다. 속은 검고 단단하여 목각 장식용으로 쓰이며 연마질 후에는 윤기가 난다.

천문산, 천문동에서

해발 1,528미터 천문산,
거기 그곳에 일찌감치 하나의 큰 구멍으로
천문동,
높이 131.5미터, 너비 57미터, 깊이 60미터
산맥을 관통한 바람의 길을 열어
숱한 인심의 여울로
물밀듯이 추억이라
언제였던가?
그 첫선의 시작은 깊음으로
수많은 울림으로
산허리 선을 긋듯이
내달려 오를 길,
또 내릴 길,
굳이 그 길이라고
그 상념이라고
그리하여 땅의 길,
그리하여 하늘의 길,
헤아려보는 그 마지막 999번째 계단에서

남은 하나 그 천 번째 계단은
마음속의 몫이다

* 중국 장가계 추억에 부치며

해시계

하루 24시간, 해는 떠 있는 시간
빛나는 주관으로 있다
그 주관으로 떠 있다
일생 동안 의식 구조로 올려다보는 시간
해는 그 몫으로 24시간
세상의 밝음을 갖추고 있다
깊은 세월의 시침과 분침과 초침으로
내면의 헤아림으로 있다
눈부시게 빛나는 해시계,
세상의 온갖 그림자
길어지고 짧아지는 그 비스듬히 기슭에로의 시간
아픔과 기쁨이 동거의 아귀다툼
그 이상적인 이유라고
해시계는 하루를 읽히고
내일을 읽히는
여명과 노을의 시간,
분연한 목적의 뜻을 두고
가슴속에 시침과 분침과 초침 소리로
세상의 기억의 삶
절실함을 내리비추는 시간
그 해시계는 떠 있다

싸리나무꽃 피었습니다

엄동설한이 오기 전
죄다 피어 쓸어내려야 한단 말입니까?
가느다란 빗살 대뜸 늘어뜨려
잎이요, 꽃입니다
아직은 더디더라도
마치 상념의 글밭 가꾸란 듯이
향유의 필체 내밀어
숙연하게 피었습니다
축 늘어진 꽃빛
그 무게 소소하게 덜어내야 할 과제
이 가을이 가기 전에
기억 창고에 채우게 합니다
껍데기는 가고
알곡은 남아
추억의 염두로
아려함 쓸어내립니다

갈대 무성한 개여울에 맑음이 도랑 친다

길은 내야 한다고
흘러가는 길은 멈출 수 없다고
갈대숲 우거짐 속에 번지고 있는 개여울 소리
여흥의 깊이로 가득하다
갈대는 진작부터 그곳에 대를 곧게 세우며
마디마디 재고 있었다
차츰 흥정의 도가니
가을 바람결이 거들고 있다
그 광경은 풍경으로
난전의 추억이 도드라졌다
내처 흐르는 길에
굽이쳐 흐르는 길에
맑음이 그렇다고
사실 넓게 도랑을 친다
그 닿음의 길로
물안개도 헹가래 친다

물의 깊이

한 컵 마실 물을 떠 놓고
깊은 지하수로 흐르는
뜨거운 용광로의
파열음을 상상한다

물을 마시든지
또는 물로 시원스럽게 씻든지
물의 요소를 두고
세상의 절절한 가치를 헤아린다

맑음은 깊이로 여쭈는 여울
무심코 지나쳐 버릴 그 얕음의 생각은
무한의 뜻을 두고도
촉촉한 깊이를 잊는다

작은 물방울의 영롱함을 두고
세상을 적시는 깊음
생명력에 귀띔하는 부드러운 위로와
거기 결실의 언약을 엿본다

사막의 짠맛

뜨거운 태양 아래 쌓이는 결실이다
하얀 망망대해처럼 빚어진 곳,
심상의 맛으로 깊어졌을까?
아주 오랜 그날,
무구천년의 그리운 맛,
파내고 파내도 고스란히 차오르는 짠맛,
3,300미터 고원의 너른 소금 평원,
하늘 아래 소금,
절망 속에 꽃이다

* 아르헨티나, 살리나스 그란데스 소금 사막에 부치며

쑥부쟁이 사랑

꽃 중에 드러누워 피듯이 작은 꽃잎은 별빛 흔적
바람의 염원 따라 아려한 꽃
느낌 슴벅슴벅 하다

굳이 외형의 행색 볼품없다 하여도 눈을 뜬 그것은 환함
망각을 일깨우는 울림의 몫,
경이롭게 가다듬었다

그렇게 사랑한다는 것으로 상념의 그늘 자락 펼쳐진 것이라고
나는 기꺼이 읊조릴 것이니
그런 쑥부쟁이 사랑의 여론 잊지 않겠다

그런 사랑은 내게 영혼의 기억으로 꽉 채워졌다
엿보는 기회를 거듭며 곧이 헛됨이 아닌 한낱의 역사로 여쭈어
헤아림과 기다림과 원함 가꾼다

꽃 중에 작은 외침이듯이 여운의 기척
그 부름의 형상을 여민 이유
삶의 분분함을 두고 깊은 사랑 왼다

토끼섬

그렇게 작은 섬에
그리운 마을 문주란이 사는 터전이라
여쭘의 세월 밝히는 등경
향기롭고 고진한 생명력으로
작은 섬의 꽃으로
꽃밭으로
지키고 싶었구나

검푸른 파도가 하얗게 부서져 내리는
그 변방에 작은 꽃마을
세상 아름다운 몫으로
끝내 그리운 움집 지키려 한 꽃이여,
낮은 시선에
아주 먼 기억의 역설,
토끼섬의 정착이라

작은 몇 평수의 만족으로
작은 울림의 여울로
오랜 향유 높이누나
어찌할까?
세상 그 섬이 그립다

그리하여 하늘가 꽃으로

낮추어 엿봄이라

* 2015년 9월 30일 제주도 작은 토끼섬에 자라는 문주란을 보며

니이레 바뚜나무

물속에서 자라 그토록 숨은 보석처럼
제 몸의 깎임을 치르고 나서 엿보이는 아름다움,
누구도 일찍이 몰랐으리라
나무는 나이테 세월의 흔적으로 가졌지만
깊은 속살의 무늬 품고 있음이 혼할까?
하지만 바뚜나무, 통념을 깨는 나목의 고운 비책이듯
숨은 염원 품었음이라

그토록 무심하던 차에
장인의 손끝이라고 하였을 그 감촉과 시선,
기꺼이 세상에 내놓은 것으로
추억의 시나브로
어두운 감각의 능선 밝히듯이
아름다운 기억의 장
쇠하지 않게 여쭘이라

그리운 세상의 흔적이랄까
숲의 울림으로 깨어났음이라
한 그루 나무에서 시작된 생명력의 이유를 두고
다시금 헤아림의 세상 아름다운 무늬목
그리하여 선물이 되고,

환희의 충만한 역설적 기척으로
깊은 아름다움 새겨 두고 있음이라

* 바뚜나무: 물에서 자라며 껍질에서 속살까지 무늬로 가득하다. 말레이시아 차레이 섬의 유명한 나무, 공예품

주목나무

야금야금 컸다
나 좀 보아라
제발 세월 좀 여쭈어라
헤아려 다오
고요의 무게를 걸치고
사색의 등잔 푸르나니
그 깊이를 여쭈어
청춘의 기억
애써,
정말 애써 다오

* 보성 다원의 주목나무 군락지에서

바람의 언덕을 왼다

별이 뜨는 그곳으로
별이 지는 그 깊은 곳으로
자유의 바람을 쐰다

파란 물빛이 하얀 은하수를 띄울 때
어쩌면 도드라졌을
그 기막힌 속삭임이라

그 별이 지는 그곳으로
그 별이 흐드러져 내리는 그곳으로
기슭의 꿈을 꿈이라

무구천년의 실랑이
그토록 아로새겼을 별빛 아득함을
바람의 등경으로 왼다

* 해질 녘의 바람의 언덕 까마귀가 울고 있었다.

메콩 강은 흐르더라

메콩 강은 많은 것을 띄우며 흐르더라
굽이굽이 숲의 갈채가 되고
그 숲의 갈채를 끌어안고 흐르더라
어쩌든 길을 비켜 가지 않는 강물이더라
그저 올곧게 물결 일렁이며
세월 속에 맑은 물빛으로 흐르더라
거기 물풀의 풋풋한 기도가
거기 수생 야자수 숲의 기도가
거기 부레옥잠의 기도가
강물 흐름에 젖어 있더라
거기 나그네 또한 그 한뜻 되어
세월 나기 그리움 풀어냄이라
익히 세월은 멈칫거리지 않았거니
먼 길 흘러온 물길에게서
저 먼바다로 가는 물길에게서
하늘 아래 어떤 꿈과 희망일 것이냐고
정녕 견주어 헤아릴 것이냐고
가만히 너른 강변 자락에서
마음 깊은 까닭의 닻을 내리나니
그렇듯 기억 너머에 그 소원,
메콩 강에게서, 세월 강에게로

마음 띄워 영원한 소회일 것
여울로 더하기여라

섬이, 섬을 말할 때

눈을 뜬 그 섬
하나 되어 더욱 깊은 눈을 뜬 섬 하나
바람의 등불 건준다

천혜의 세상
파도 속에 사무치도록
깊은 개여울 나누려 한다

언제든 그 섬
남겨 둔 그 섬으로 불러도 거기
섬으로 아득함 속삭인다

누가 모란이 피는 날을 헤아렸을까?
저문 그리움 되살려
섬은, 섬을 말하고 있다

* 거제 외도에서 섬을 바라보며

꽃빛 눈물 한 모금

저기 벌판에 외로이 핀 꽃
그 이름 들꽃이라
적막함 속에 이슬 젖어 이른 꽃
그 이름 풀꽃이라
저기 흔적의 고독이 서리고 서린 곳으로
눈시울의 행복 뜨거워라
그토록 정제된 눈물 한 모금
그리운 기다림의 여력이어라
한번 핀 약속은 어둡지 않는 것
무릇 꺾이어도 꽃빛의 노래인 것
이 땅을 살아간다는 것이
꽃빛의 눈물 한 모금 걸러내는 것
그리고 꽃빛의 환희로 헤아리는 것
저기 벌판에 고결하게 핀 꽃
청청함 속에 꽃이라
삶으로 그리운 그 사랑,
꽃빛 그 사랑이어라
꽃빛 속에 눈물 한 모금
눈물 속에 그 꽃빛
세상 그을려도 영광이다

무릇

꽃이다
땅에서 거침없이 치솟은 꽃이다
무릇, 그 꽃이다
무릇, 향기로운 일념이다
무릇 꽃이다
그 이름 무릇 꽃이다
소리 없이 힘주어 밝힌 꽃
무릇 꽃이다

그야말로 무릇,
땅에서 헤아려 아름다운 등경
그 아래서 읽어낼 기도
무릇 밝다
무릇 꽃이 밝다
원함의 땅을 수놓았다
경각심의 땅을 일컬었다
무릇 꽃이다

그토록 그리운 터전에로 그 침잠
무릇 꽃이다
바람결에 풀어내는 향기

편지가 되고 사연이 되고
그리고 고운 다짐이 되리라
무릇 밝힌 꽃이다
무릇, 그 꽃
애증의 진리로 빛난다

은빛 날개

기꺼이 윤슬이다
거친 파도 속에 빛나는 날개다
망망함 속에 그 망망함을 딛고
아주 먼 꿈의 날갯짓이다
어디든 머뭇거려도 머뭇거림으로 끝나지 않는다
거기 실어낼 무지개 소원 은빛 날개는 빛난다
얼마큼 세월로 이르고 있는가?
그 소원 감추지 않고 있는가?
고결한 덕망의 요소적인 그 울림
은빛 날개는 올곧다
그렇듯 거친 바다로 빛나는 윤슬이다
내 마음의 정처를 밝힌다
저만치 윤슬의 바다,
거기 나의 덧씌운 기도
나의 영혼의 윤슬
은빛 날개는 꺾이지 않는다

제8부

바다 위를 걷고 있었다

채석강의 상념

상상의 내레이션이여,
수천수만 권의 책을 쌓아 놓고
낱장을 넘기고
묶음으로 넘기어
형언을 가꾸라 하였구나

밀리고 밀려 파도가 내치고 닿도록
그 상상 녘에 가닿아야 하는데
닫힌 창문처럼 이젠 그만,
어느 가슴에 애써 열려
한 줄 두 줄 읽힘이러냐

차라리 밀물에 기다리고
거기 썰물에 다가가서
울림에 기대고
여원에 기대었더라면
그토록 세상 장사치에 어둡지 않았으리라

그래도 읽어야겠다고
눈여겨 새겨 보아야겠다고
발품 파는 나그네 이력서에로

책갈피처럼 축 늘어진 넝쿨의 흔적을 두고
채석강의 상념 깊어지노라

* 변산 채석강 조망지에서

두 번 피는 패랭이꽃

나는 보았다, 한 해 두 번 피는 꽃
처음에 피었던 그 아름다움
두 번째에도 고스란히
소원 가득한 꽃이라

다들 무더운 여름 더위에 지친다 하였을 때
풋풋한 기억에로 여민 꽃
변함없는 한결같은 애련
조석으로 변한 세상에 절개라

척박한 녘에 일깨우는 딤이여
사색의 번짐으로 손색없이
쉼의 향유 넓혀
그리움 쓰다듬음이라

나는 더 새겨 둔다, 두 번의 꽃
어쩌든 세상이라고
그렇게 열망에 찬 아름다움
순수의 가치로 엿본다

더욱 깊어지리라, 그 꽃

어떤 가식의 유혹도 다 뿌리친 꽃
있는 그대로 헤아림의 꽃
비밀한 언약의 당부이리라

엉겅퀴 꽃에게

고요함이 내려앉은 그곳에
앙상하고 아픈 가시의 속사정
냅다 드러내 놓고 어여쁜 꽃을 피웠구나

꽃빛은 영롱하고 수려하여
어느 시선이라고 가던 길 머뭇거리지 않을까?
숨은 비경의 정이라

알았다면 더욱 쓸쓸함에 덤으로 얹어진 것을
넘나듦의 가치, 그 순수함이 짙어
가히 땅에 자랐어도 우러름이라 하리라

이젠 가시를 탓하지 않으리라
다만 경계의 몫으로 엿보며 아픈 추억이라고
꽃의 이유를 말하리라

보다 못해 견주는 사랑이 절여하도록
부추겼다 하리니
그 지극한 연민 견주리라

거친 광야에 바람으로 피어난 의중

꽃빛 엉겅퀴의 희열
나에게도 고스란함이라

석류꽃이 필 무렵

상큼함의 신호가
파란 우주 속에 밝았다
후끈한 무더위가 주춤거릴 듯
행색의 신호라서
맛을 아는 추억에로 돋보여
입안에 침이 고이고
온몸에 전율로 스민 기억
순간 여운까지 깊어지는
야릇한 행복의 위상,
석류꽃이 필 무렵
헤아림의 결실 염두에 두고
향유 바람 쐰다
삶이 먹먹거릴 때
한 번쯤 엿보는 석류꽃 시나브로
우직하게 여문 신맛
비밀스런 그리움에 대하여
여실한 세상,
그 상큼함 여쭐 일이다

바람의 낙서

이곳저곳을 둘러보아도
허공을 속삭이듯
연민의 깊이로
고즘의 바람결 뒤척임이라

그 흩어짐의 진력은
꽃의 향기로
바위의 우직함에로
붓끝 흘림이라

흘러가지 않은 것들이 있던가?
무릇 별이 뜨고
달이 뜨는
흔적 아래 주마등이라

그토록 유심한 그곳에서
덧씌운 기억의 향유
바람의 낙서는
애증의 고고한 바람이라

호수의 연가

삶의 그리움 더해지면
나는 그 호수로 가리라
맑은 물결 가득한 그 호수로 가리라
산골 깊숙한 그곳,
낮이면 바람결 내려앉고
밤이면 달빛, 별빛 내려앉은
기별의 호수로 가리라

가서 고요한 물음이 되리라
잠시 앉아서 사색하리라
거기 더 헤아려 맑은 물결 거울로 삼고
추억을 비추어 보고
행복한 사랑도 비추어 보리라
그 호수로 가리라
때는 언제든 좋으리라

꽃피고 산새 지저귀어도 좋고
짙푸른 잎새 스며도 좋고
낙엽 흩날려 떠 있고
하얀 눈송이 스며도 좋고
그 호수에 살포시 그리움 적시리라

문득 삶이 못 견디게 그리워지면
나는 그 호수로 가리라

깊은 산속 작은 호수
고요의 무게를 아름답게 품은 곳
상념의 창을 곧게 열어 둔 곳
멀리 그리운 이유
애증의 물끄러미 되어
맑음의 순수함 구도를 잡고
가까이 그려 보리라

담쟁이

거슬러 오르는 삶
짙푸른 염원 하나 동아줄처럼 걸치고
암벽의 이유를 더듬어
세상살이 기염 토해내는구나

어디든 뿌리내린 곳이면
마다하지 않은 굳은 여력의 다짐아
바람 불어도 잎새
오히려 나팔수처럼 여쭈었구나

더듬이 손마디 부르튼 옹이
그래도 행복의 미소는 되살아났거니
그게 삶이라고 누구는
우두커니 사색 견주었으리라

기꺼이 올라서서 보면
거기가 끝이 아니었음을 헤아려
시선은 이내 넓어져서
이윽고 세상 경이로움이라

어쩌면 삶이란 전율이라

누구에게 추억들 물어보아도
그 애증의 묘사는
한마디 분연한 생존의 글월이라

모두가 기대고 사는 것
언뜻 두드러지게 시선 갔을 담쟁이여,
거친 광야의 이미지
살뜰하게 여쭈는 소원이구나

진짜 그리움은 꺼내지도 않았다

어쩔 수가 없다
하고 싶은 말에 능청스러움이 더해져도
곧이곧대로 말할 수 없는 사연
너무 쉽게 말하면
꼭꼭 찍어 알면
무슨 의미인가?

그리움은 재미가 아니다
한순간 느끼고 말 그런 가치가 아니다
혹여 상처가 될까
아니면 오해가 될까
가까이 있는 흔적이라도
문득 헤아림이다

어쩌면 에둘러 있음에 진심
차라리 순수한 들꽃을 등에 업고 싶었고
지저귀는 새들의 속삭임
그 기척의 손짓으로
속으로 감춘
진짜 그리움 읽히고 싶었다

진짜 그리움은 귀담아 두는 것
이미 마디를 키우고 있거니
나무를 말할 때
가지를 뻗치고
잎새를 얹었거니
거기 그늘의 말은 짙다

아무래도 그렇게 시절의 향유 버티다가
진짜 그리움은 말이지
앙상하게 다 연민 털어낸 후
더 갈급의 위안으로
나의 형언의 말
진짜 그리움은 꺼내지도 않았다

바람꽃

어떤 눈물이 피어올라
그렇게 먼 수평선 아롱지나
바다를 알거든 침묵은 깊어지리니
깊은 헤아림의 꽃으로
눈시울 졌구나

어떤 모름지기 삶
그렇게 한사코 피어올랐다고
사색의 주마등 늘어뜨릴 때
해로에 지경마저
구슬프게 향기롭다

너른 바다 위에
거친 물결 잠재우듯 아롱진 바람꽃
그건 가히 낭만의 꽃이던가?
조바심에 눈을 뜬
폭풍 전야라

언제나 먼발치 해무 속에
잠시 꽃의 명으로 아른거려도
이내 우는 소리

삶의 등경 애달프게 거드는
이고지리 꽃이라

그래도 소망의 등잔
거친 바다를 목 놓아 사는 이름
구릿빛 가슴에 서려
이런들 저런들 어찌하리
지긋한 아주까리 꽃이라

* 바람꽃: 바다에 일어나는 현상. 안개와 비슷하나 거친 바람이 부는 현상으로 어부들은 바람꽃이라 표현한다.

가시칠엽수(마로니에)

그 이름 마로니에 나무 가시 열매를 달며
세월의 밑줄 긋는 고백
세상 그 어떤 그리움 외고 있는가
동구 밖 가로수길
세상의 추억 그곳으로 더불어 가자
아득한 묵시록이던가
꽃피고 향긋한 연민의 사귐
그곳 그 자리
쓸쓸하게 부요한 기다림 아니던가
사색이란 어디로 와서
또 어디로 흐르던가
비밀 같은 마로니에 나무
그 아득함을 걸쳐 주었으리라
열매로 내보인 아픔,
가장 근접의 헤아림의 창
바로미터의 속삭임
심연의 아주까리 사랑이라고
가시칠엽수 사연

그 진지한 우두커니 울림에로
짙푸른 향연 엿봄이라

* 마로니에 나무: 세계 4대 가로수로 손꼽힘, 수형이 웅장하고 잎이 좋음

바다 위를 걷고 있었다

가우도 출렁다리는
물 위를 걷고 싶은 마음의 배려이듯
설렘의 길로 여쭌다

과연 누가 물 위를 걷겠는가?
발아래 바다를 두고 걸을 수 있다는 것은
바다 위로 놓인 길 때문이다

그 길은 섬으로 가는 길이다
가까이 섬을 아는 길이다
섬을 느끼는 길이다

그렇게 바다 위를 걷고 나면
손쉽게 섬의 문전에서
섬의 편지를 읽는다

그리하여 그 섬에 대해 처음으로
점점 무게 있는 한 줄, 두 줄, 편지글에서
바다 위에 경이로움까지 귀띔한다

바다 위를 걷는 것은 섬으로 가는 길을 의미한다

또 언제쯤 하늘길을 걸을 것이라고
눈높이의 길 여쭌다

* 강진 가우도 출렁다리를 지나며

풀피리

누가 저 신록의 아름다움
목청껏 불어 주나
짙푸른 향연의 길라잡이
바람결에 내주고
지저귀는 산새들에 내주는데
풀잎의 미소
누가 거들어 주나
저 우두커니 한들거림
분명 소리가 있는데
누가 이끌어 세상에 알리고
흥에 겹도록 장단 어울 마당 높여 줄까
짙푸른 노래
거기 쇠하여 가는 노래
마음 힘주어 부를
벌판의 피리 소리
진정 고독하지 않다고
정말 외로운 사랑 다 여물도록
내공의 피리 불거나

삼판배의 여력

노를 젓는 보트의 유형
얼기설기 대나무로 틀을 잡고 엮인 배라지만
실어내는 목적의 길은 자그마치 올곧은 삶의 능청이다
팔을 휘저어 노를 젓는 인생들,
그로부터 일상의 행보도
소박한 서정 속으로 아득한 생애 꽃이 되었을까?
나아가 말할 수 있는 추억의 강으로 띄워져
청춘의 언약 실어낸다
어찌할까? 덧없이 새겨내는 자연의 멋,
낭만의 삯이듯
굽이굽이 강여울 따라
삼판배의 여력은
삶의 꽃빛 실어낸다

* 2019년 2월 12일 베트남 닌빈 짱안에서 삼판배의 여력에 부치며

추억의 값

그 값은 모른다
흥정은 이미 진행되었고
색을 칠하듯 추억이 그려진다
아직 그 깊이도 모른다
그 측정의 양도 다 알 수가 없다
그저 지날 뿐이다

세월은 그 값의
길이 되고 반향이 되고
저만치 거둘 여울이 된다
세상에서
얼마나 많은 것들이
그 추억의 값을 가지고 있는가?

멋모르고 지난 것이
어느 기억으로 피어나
향기로운 값어치로 남는다
일생이란
추억의 요소가 아니던가?
그렇게 하찮았음에도 의의는 깊다

그때는 몰랐어도
저만치 한참의 자리에서
그렇게 추억은 값이 된다
그 흔적이라는 뿌리가
깊은 자양분을 치켜세우는 그날에
언제나 그리움으로 나선다

세량지의 4월

말 없는 그리움은 그 흔적이 너무 작아서
숨겨진 비경으로 맑은 물빛 거울에 아롱진다
산새는 울었지만 그 울림이 너무나 여려서
고적한 기척으로 청아한 산 빛 여울에 사무친다
기다림이라며 그토록 막연하다 하였을 때
새순이 돋고 산 벚꽃 꽃망울 틔울 적엔
세량지의 물빛도 아름다웠다

조용한 외침이 그토록 수많은 재를 넘어갔으니
그것은 설렘을 읽혔고 고독한 낭만을 일깨워 주었다
세량지의 풍경 벗들 찾아와도 떠나가도
일양 수줍은 듯 깊은 상념의 요소로 아침 물안개의 정을 왼다
작고 소박한 품 덧없이 내 비춘 아름다움이란 것이
이젠 수많은 눈망울로
저마다의 작품이라는 거울 빛이다

세량지의 4월
고요한 아침 카메라 서터 소리 더불어

정적이 가슴에 다 서리도록
작은 호수의 물빛 정감도 깊다

* 해마다 4월이면 전남 화순 세량지에는 사진 찍는 발길로 붐빈다. 그곳은 작은 호수와 오롯한 풍경이 어울려 4월의 봄을 아름답게 가꾼다.

바위채송화 2

누구든 꽃이라 하면
오롯이 희망이 되고
누구든 꿈이라 하면
못내 갈채가 되리다

그리 아니할지라도
외진 널
가련하게 피웠느니
후회 따윈 없나이다

여느 오시는 길에
여느 가시는 길에
가슴앓이 꽃빛 여미시면
기꺼이 추억의 꽃이리다

그것도 아니면
우직한 바위
그 상처 속에 기댄 것을
숭고한 가치로 만족하리다

* 바위채송화, 삶의 소중함을 일깨운다.

생오지에 가니

겹겹이 산자락 지나
생오지에 가니
그리움이 맞이하고
기다림이 맞이한다
돌돌 휘감겨진
한 꾸러미 실타래처럼
생오지의 것들이
아름드리 여린 숨결로 반긴다
한사코 선하려
그 하염없는 고백이려
뒤란의 순수한 사색
한마당 향기롭게 피어난다

* 2013년 4월 19일 담양 생오지 문학창작촌, 소설가 문순태님의 정원에서, 미션 작가 문학기행에 부치며

코딱지 꽃

나도 꽃이다
어린 코흘리개 같은
천방지축
나, 코딱지 꽃이다

누가 나를
하찮다고 여기나
그래, 좋다
나도 하늘 아래 피었다

그래, 봄꽃이다
나, 봄빛 시선이다
봄을 아는 눈길
가슴 불 지피고 갈 거다

그러니 웬만하면
나의 애가를 기억해 다오
서러움 변명하지 않겠다
내 있는 모습 그뿐이라

세상 꽃이란 숭고하다

그러니 함부로 대하지 마라
나, 작아도 꽃이다
봄빛 꽃이다

그러니 이제
철딱서니 없는 차별은 그만
최소한 꽃의 섬김만큼은 짓밟지 마라
봄의 길섶, 나는 코딱지 꽃이다

* 2013년 4월 20일, 일명 광대나물로 3-5월 사이 꽃이 핀다.

우도 전망대에서

여긴 제주도 우도 전망대가 아니다
여기 고흥 남양면에 위치한 섬 우도다
새로 놓인 레인보우길 따라서 다다른 오르막길
걷고 걸어 오른 전망대
사방으로 널리 엿보이는 해안선과 섬, 섬들
푸른 바다 속에 잠겼다
나의 생각이 덩달아 잠긴다

누가 오라, 오라 부르지 않았어도
기꺼이 찾아온 고흥 우도
그리고 전망대에서 엿보는 기회
거기 아득히 그리워함의 것
먼먼 시선의 조망을 빌린다
사뭇 햇살이 너그럽게 반기는 곳에서
나는 숨은 보석 찾기를 멈추지 않았다

오르고 오르는 힘겨운 길에서
쑥부쟁이 곱게 반기는 그 환영,
나는 행복이라고 화답이었다
너른 광장으로 엿보이는 우도 전망대
솔 향 그윽한 가을빛 속에서

아직 남은 염원의 꿈
살포시 새겨 이른다

* 2024년 11월 8일 고흥 우도 전망대에서

야자나무 가로수

대만 타이베이 중정기념공원 서문거리
나그네 세월 허허로 새겨낸 그 이름 묻자니
야자나무란다

오래전 타인의 손길 따라(일본)
거리에 객이 되어 깔끔하게 매무새를 갖추고
생존의 종용을 품었다

잎새의 흔적은 발끝 딛고 고개 내민 시선
몸체는 거추장스러움 어디 하나 걸치지 않고
그리운 낭만의 도를 가지런히 새겼다

그토록 어줍지 않고 타인의 거리
기골이 장대하여 깊은 술회로 서 있는 우직한 거리의 연사
그 사색의 노래 가없다

그 아래 주마등처럼 스쳐 가는 오토바이 행렬들
무수한 삶의 절절한 위용들 야자나무 가로수
그 훤칠한 기억에로 생애 질서 어우러진다

어쩌면, 저 야자나무의 향수 어린 흔적 시린 갈망이 아니던가?

타인의 애환을 그려냈느니 그 시선 문자면 저 매끄러운 매무새의 담론으로
높고 먼 소원 이야기 언제든 이슬처럼 스며내겠다

* 대만 타이베이 중정공원 서문거리에서, 매끈하게 자란 야자나무. 가로수로 있는 모습이 옹골찬 기억으로 느껴진다.

타이루거 협곡

아 - 아 협곡이여!
우직한 상처여, 천 길 벼랑 위용으로
무구세월 눈물이더냐
그 염원 얼마큼이었으면
굽이굽이 흐르는 물, 맑다 못해 회색빛이 되었는가
그래도 유유한 너를 바라본다

어느 가슴앓이 고백이 너와 같았으리라
세상에 아름다움이란 그 깊이를 두고도
저리고 아픈 상처를 너는 새겨 두었다
골 깊은 이야기 절경의 가치로 간직하였지만
함성도 너의 몫이 아니구나
누가 너를 바위라 외면하였던가

너를 바라보나니
너를 새겨보나니
고독한 울림의 깊이여, 흔적이여, 벗이여!
바람 속에 사무치는 전율이여
세상 나그네 길
무수한 시선 넋을 잃게 하는
회한의 꽃을 피웠구나

너는 그 향기를 안고 있구나

그래, 누구는 여기 아픔을 나누고 또 누구는 눈물을 나누고
저마다 그리움 나누고 있구나
아 - 타이루거 협곡이여!

* 대만 화롄 타이루거 협곡, 연자 계곡을 걸어 오르며, 총회 농어촌 수양회, 3호차
  안에서 낭송한 시

파도

밀려와 하얗게 부서지는 파도
깨어나고 있다, 익어 가고 있다
더욱 되짚어 살아나고 있다
한순간도 거친 숨결 잠재울 수 없어도
궁극적인 소원으로 깊어진다
가히 물러서지 않는다

밀려와 응시하고 있는 파도
증언하고 있다, 일깨우고 있다
더욱 기척에 최선을 다하고 있다
그토록 모진 숨 가쁨 토로하며
그리운 바다의 이야기 밝히고 있다
가히 후회하지 않는다

울먹거려도 궁극적인 하얀 파도
갈망의 일념이다, 기척의 증거다
더욱 몸부림쳐 깨어지고 부서진다
언뜻 절절한 포효로 고독한 가슴을 파고든다
깊고 깊은 하소연의 고백이다
가히 그 바다의 닻을 부른다

밀려와 토로하는 깊은 심호흡
그을리는 갯바위다, 섬의 눈물이다
더욱 바다의 섬으로 섬의 바다로 뭍을 적신다
그렇듯 읽히고 있는 천하에 짭짤한 사연이다
기다림의 바다로 그 파도로
가히 세상 기억 거든다

가을이 낚이고 있다

산과 들, 어귀어귀마다 이룬 풍경들에로
익히 가을이 낚이고 있다
이 꽃 저 꽃, 이 풀잎, 저 풀잎
그야말로 모두가 한 터울 제자리 꿋꿋이 다져내면서
가을 풍성한 기운을 낚고 있다
그토록 기운 한가득에 있어서
지난봄부터 읽히던 초록빛
가다듬음과 짙푸르게 숲을 이룬 두루두루 숨 터들
그 후로 여름이 지나고 가을 몫의 무수한 고백들이
가을 뜻 오묘함에 젖어서
저마다 신뢰적인 그 가을을 낚고 있는 것이다
그 형성이 아름답다
그윽한 향취로 가을 소원 속에 젖어 있다
가을이 물끄러미 답례다
의미 있는 흔적들에로 가을이 깊어진다
짙어가는 가을이 끄덕인다
팽팽하게 견주어지는 것
모두가 응시적인 환희의 걸작이다

바위의 기억

우직하고 단단한 흔적이다
말없이 할 말이 가득한 바위다
깊은 산중 벼랑 끝을 건네고 있다
세월은 가만히 이끼 낀 바위라는 그 이름을 새겼다
사람들은 그 바위를 두꺼비 바위라고 불러 준다
언뜻 두꺼비 한 마리가 산을 기어오를 듯
그럼에도 가만히 바위를 살펴보니
세월의 울림을 낳고 있다
언제고 다가서면 그 자리, 그 바위
세월의 문밖을 건네는 것이다
천하에 사무치는 메아리를 걸러내는 것이다
형상의 이상적인 가치보다 더한
깊은 산중의 두터운 덕담
말없이 할 말 깊은 기억의 무게 중심이다
그토록 토로적인 바위의 기억
깊은 산 여울의 청량감 걸쳐낸다
세월 나기 바람이 가득하다
저것은 실체적 진실이다

* 장흥 억불산 두꺼비 바위에 부치며

차차르간(비타민 나무)

질긴 생명력의 나무
무더위 40도
추위도 그만큼
견디며 자란 나무는 노랗게 익은 열매로
열량의 높은 이득이다
극과 극의 환경 속에서 비밀스럽게 기워낸 자태,
사람들은 알고 있었다
그 열매의 소중함,
바람 속에 깨어나서
바람 속에 익어 가고
바람 속에 맛을 드리운,
차차르간,
비타민 나무,
여전히 열매로 세상을 향하여
기워 내는 울림이다

* 차차르간: 몽골 사막에서 자라 주민들의 주요 자양분이 된다.

제9부

흔들려도 꽃이다

달아 공원에서

쪽빛 바다를 향하여
너른 창을 열어 두었다
깊은 상념을 위하여
먼 시선을 열어 두었다

섬은 오랜 기억으로
뭍의 이별을 비추며
다가선 설렘을 향하여
곰 삭인 정을 왼다

향하여 왔던 길
하룻길 외마디 담론인 듯
굽이길 언덕 너머
저만치 일몰의 소원 열어 준다

어스름하여도
해를 등진 회한이라도
아쉽지 않을 것은
넓게 열어 둔 낭만의 어귀라

달아 공원,

잠시 염원의 점 찍었나니
붉어져 가는 해넘이 그리움 가꾸었나니
새롭게 엿본 오솔길이라

* 통영 달아 공원에서

옥석(대만 옥돌 공예 전시장에서)

돌이, 돌이 아니다
침묵이, 침묵이 아니다
이 돌은 이 말로
저 돌은 저 말로
깊은 말벗을 자처한다

여기도 몸부림의 흔적
저기도 몸부림의 흔적
기다림을 다듬고
기다림을 깎아서
섬세함을 새겨 두었다

절절한 형체의 언어
우직한 기억의 소용돌이
파장, 파열음도 없는
아름다운 연민의 속삭임
세상 향수를 품었다

우직한 서정
투박한 그리움
꽃이 되고 향기가 된다

전율이 되고 울림이 된다
돌이, 돌이 아니다

외침이고 갈망이다
느낌이고 소원이다
침묵이, 침묵이 아니다
이 말 저 말 멋스럽게 잘 다듬어낸
소리 없는 옥빛이다

* 대만 화롄 옥석 공예 전시장에서

돌매화 7

절벽 위에 뿌리 내렸다고
어찌 그 바위가
그곳으로 너를 불렀겠는가?
절벽 위에 꽃이 피었다고
그 바위가 너를 불러
어찌 꽃을 피우라 했겠는가?

그 절벽 바위는
그저 망연자실함으로
황막함을 새기고 있었으니
외침도 없이 울림도 없이
손짓마저 잊은 채
그저 우직한 흔적일 뿐이었다

돌매화의 흔적은
생존의 기이한 증언일지라도
어찌 바위의 뜻이 있겠는가?
바위는 주름진 틈새 속에
너를 새겨 두었을 뿐
그저 세월 속에 침묵이었다

바위는 밭이 되고
돌매화는 피어난 기척인 건
서로에 기대어 남긴
세상의 절절한 울림이었으니
흔적이란 목적을 두고
시절의 뜻을 익히는 섭리라

또한 세상
그런 흔적에 눈여겨지고
그 소식에 귀담음이 되는 건
먹먹한 세상에 기여,
바람 속에 뜻을 가진
나그네 가슴에 눈물이 됨이라

여인이여!

언제나 가슴에 눈물을 머금고 사는 여인
거친 손끝으로 애타게 사랑을 그리며
꿈을 그린 여인이여!
시린 언덕에 올라 저만치 소망을 외치는 여인이여,
그 몸부림의 일념으로
모진 비바람 삭이는 어진 여인이여!

꽃이란 이런 거였다
향이란 바로 그거였다
모질게 서러운 날 의연히 뿌리내린 섬김의 여인이여!
슬픔의 강을 알기에 바람 속에 노래 부르며
저만치 여울지는 고백이라도
그 소원 감추지 못한 여인이여!

여인이여!
어느 가슴에 빈자리 채우고
어느 공허함의 맘 언제까지 메우고 메워 주구려
이래저래 계절은 소근대며 올 것이니
꿈의 속삭임으로 올 것이니
그 속에 꽃 향 같은 여인이여!

삶이 허름할지라도 숭고함은 깃들어 가치를 돋음인 것
저만치 약속을 귀담는
거기 그렇게 아름다운 여인이여!
언젠가는 결실로
가슴에 서린 눈물 거둬지리니
그 소중함의 가치로 서는 여인이여!
이미 등불이 되었음이라

메콩 강 2

인도차이나 반도 멀고 먼 정글의 숨결이 되어
잊힌 듯 삶의 맥박을 품고
거침없는 자유의 물결로
접경의 접경을 거침없이 흐른다

한줄기 거대한 동맥 꿈틀거리고 출렁거리면서
언어가 다르고 문화가 다른 지경에
그 한 결의 삶 젖줄이 되어
꿈과 시름의 너울로 흐른다

무구천년의 기척인 것 굽이굽이 역사 속 희로애락의 장으로
생명의 전율과 소박함을 띄우며
그 한 줄기 맑은 고백이 되어
그토록 먼 꿈의 절개로 흐른다

강 유역에 깃들인 삶은 오롯이 가슴앓이 갈채가 되고
유유히 흘러가는 뒤안길 추억으로
아주 오랜 이야기를 그리며
강가에 낭만을 순수하게 가꾸고 거둔다

어느 결실의 몫인가? 아름답다 하고 행복하다 하고

그 여울 진솔하게 춤을 추는 메콩 강의 노래,
이별 진 그리움이 짙고 깊어도
아득히 노을빛 너머의 시선 띄운다

흘러 흘러가는 메콩 강 그토록 먼 4,200킬로 멈추지 않고
구릿빛 나룻배 그 쪽배의 정으로
해 아래 행복을 저울질하는 귀로가 되어
고고한 역사의 거류로 흐른다

* 라오스의 메콩 강을 생각하며

이별

이별은 채울 수 없는 자리
거기엔 아쉬운 기다림만 사무쳐
많은 날의 그리움으로 남는다

너른 공간의 멀어짐 속에
시간과 삶의 절연을 부여안고
잊을 수 없는 기억으로 산다

아픈 이별은 눈시울
정붙인 세상의 흔적을 두고
지워지지 않는 색으로 발한다

첫 만남을 생각하고
정 짙게 살아감을 생각하고
그리고 떠나감의 허전함을 깁는다

그것은 사람에게
그것도 감성이 있는 사람이기에
고통스런 아픔은 쉬 아물지 않는다

이별에도 다시금 만남의 이별이 있고

아주 멀어져 간 이별이 있다
어찌하든 간에 이별은 싫은 것이다

해안 절벽 길(행남 등대에서 도동항 가는 길)

길은 계속 이어졌다
굽이굽이 절벽 길이 이어졌다
발밑 물결은 계속 출렁이며 나를 깨웠다
그야말로 천혜의 절경,
옛 등대를 지나고 계속 이어지는 개미들의 행진처럼
길은 계속 어여쁜 숨바꼭질하듯 하였다

처음 바라보는 세월 속의 산물들
사람들은 보물을 찾은 듯 환호하고
물빛은 계속하여 맑음의 진솔한 고백이었다
햇살은 그 물빛 따라오고
나는 추억을 따라 걷고
시선에 아름다움은 내 마음을 채웠다

그윽한 해초의 향기를 맡고
섬 향의 국화를 만나고
천년의 향나무도 만났다
그래 명품의 길이라 여기며 걸었다
이 아름다운 낭만의 길
이럴 땐 한껏 느껴도 실례가 되지 않는다

망망대해 한가운데 섬, 울릉도
그 속에 절경을 읽히는 길,
행남 등대 가고 오는 낭만의 길이다
오솔길 같은 해안 절벽 길
나는 잠시 그 길을 걸으며
그 길에 정거움과 해 아래 기쁨을 누렸다

빈집 전세

집으로 가자 집으로
밤하늘 별빛 헤이는 집으로 가자
마음의 고향 짙게 드리운
별빛 꿈을 노래하는 집으로 가자
나지막이 삶을 속삭이며
어둠 속 기척의 울림 귀담으러 가자
구별 진 사색을 가슴에 품고
거기 새벽이 오는 어귀를 새겨 내자
갈망은 내걸려 있으니
아주 오랜 염원의 소망을 바라보자
하룻길 모퉁이를 돌아서
그 너머에 우수수한 그리움을 거두자
잠시 기거함이라
값지게 머물고 있음이라
그 열망이 여울져 지나갔음이라
또한 여울지고 있음이라

집으로 가자 집으로
거기 남루한 창문 살포시 열어 두고
깊이 새어 드는 바람결로
막막함을 일깨우는 귀결을 다지자

흔적에 흔적을 눈여겨
거기에 묶이지 않는 자유로운 몸부림으로
삶의 순수함을 귀띔하면서
깃들인 세상의 숭고함을 견주어 내자
거기 질곡 속에 아름다움이 피어났으며
정 짙게 시량의 노래 연민하였고
위안의 소망을 불태웠으니
그 깊은 맑음의 가치를 한 결로 여울지게 하자

가자, 집으로 가자
꽃은 피고 시들었으며
잎새는 자라고 쇠하였으니
그 빈집에 쌓인 오랜 헐벗음을 기워 내자
집으로 가자 집으로
가서 언제든 마음 수축하고 지친 걸음 털어 내며
정히 서린 그윽한 향유로
새날의 기쁨을 다지는 고백이 되자

작은 인형

말하지 못하고 듣지 못하여도
상징의 의미론 충분하다
비록 소품이라지만 까만 눈망울, 색동옷, 빨간 리본
코끝 붉은 형상으로 허전함을 깁는 몫이다
생각이 없고 느낌이 없어도
꿈과 사색의 일깨움으론 충분하다
귀여운 아기 손에 쓰다듬어지면서 손때 묻었지만
말없이 눈길 마주하던 흔적이다
그 꿈의 친구들은 다들
어느새 성년이 되어 곁을 떠나갔지만
아직도 방 안 한구석 자리 오롯이 지키며
그 어린 친구의 정으로 남아 있다
부르지 못하고 외치지 못해도
뽀송뽀송한 감촉만은 고스란히 간직한 채
까만 눈, 빨간 리본, 빨간 코끝, 색동옷은
그 귀여움의 몫으로 충분하다
스스로 움직이지 못해도
순수한 뜻으로 한결같은 흔적이 되었으니
어느 상상 속에 꿈을 그려 주면서
어느 날 되새겨 올 추억의 등잔으로 충분하다
비록 인형이라지만

어린 동심을 자극하였으며 꿈의 아름이었으니
그 뒤안길로 순백의 정을 일깨우는
아주 오랜 그리움의 여울로 충분하다

아로새김

너의 고백이
무엇이냐 물으니
잎새는 그저 초연하다

너의 느낌이
무엇이냐 물으니
강물은 그저 흐른다

너의 흔적이
무엇이냐 물으니
세월은 그저 만감이다

너의 이야기
무엇이냐 물으니
산새는 지저귀며 저만치 날아간다

너의 멋스러움이
무엇이냐 물으니
꽃은 그저 피고 졌다

너의 시선이

어디냐고 물으니
하루가 해를 따라 눈을 뜨고 감는다

아직 멈추지 않고
날마다 이어지는 세상은
올곧게 깊은 목적을 아로새겼다

녹차 한잔 4

곱게 우러난
차 맛의 향기 속에
청청한 기억을 띄운다

이슬, 바람 속에
정갈한 이야기
찻잔 속에 띄운다

다소곳이 숨죽여
걸어온 길 되새겨
생각을 곰삭힌다

한 모금 절개의 낭만
두 모금 깊은 사랑
찻잔 속에 띄운다

피어오른다
마음이 피어오른다
찻잔 속에 세월이 피어오른다

인생이 피어오른다

찻잔 속에 멋으로 피어오른다
찻잔 속에 맛으로 피어오른다

무명초의 비애

새로 난 도로 양옆으로
언제 그 씨앗이 날아와 숨어 있었는지
거기엔 하루 전만 해도
샛노랗게 달맞이꽃이 피어 있었습니다

긴 목을 치켜세우듯
오랜 기다림에 설레는 듯
작은 꽃빛 속에 그리움으로
스쳐 가는 바람결에 한들거렸습니다

그 싱그러움은
마치 그리운 임의 속삭임을 맞이하려는 듯
이슬 젖은 아침결에
천혜의 고운 빛 낭만이었습니다

아직 그 성찬 여력은
그 오랜 날에 갈망하던 희열인데
마음 속삭일 임의 그림자는 남아 있는데
그 순수한 서정이 다 무너지고 말았습니다

멋스럽게 도로 풍경을 정비한다는 것

그래서 살벌한 칼날에 예초기는
그 소박하고 아름다운 꽃의 노래를 멈추게 하였습니다
그것은 꽃이 아니었습니다

아직 피어난 여력과
진솔한 낭만은 남아 있는데
그렇게 무명초의 비애는 깊어지고 말았습니다
한칼에 스러져 간 달맞이꽃입니다

지금 새로 난 도로 양옆으로
휑하니 말끔하게 풍경은 정비되었지만
조금 더 남겨져도 되었을 무명초의 노래는 멈추고 말았습니다
그 비애 속에 소망을 다시금 헤아려 봅니다

* 길가에 고운 빛 달맞이꽃이 다 잘려 나갔습니다.

해송

몸체는 우직하고
눈망울은 푸른 바다를 닮아
바닷바람에 여린 눈썹 깜박거리며
하염없이 바다를 바라본다

숨결은 거칠기도, 여리기도 하고
까칠한 겉 표면엔
알배 긴 듯 옹이 진 고독으로
기나긴 세월의 여정을 새겨 낸다

언제나 귀는 열려 있다
철썩거리는 파도 소리가
울창함 속에 순간순간 깃들고
세상 아득함이 깊어진다

갈망은 모래성에서 차오르고
흔적은 여유롭고 느긋하여
어느 쉼표에 기여가 되었음 직함
그 결실은 비밀스런 열매 같다

정녕 말하지 않겠다

어차피 세상, 무슨 설명이나
입에 바른 변명이 필요하겠는가?
이 자리 읽히면 그만이다

휘모리장단 같은 바다
그로 온몸 뒤흔드는 고독한 해송
그것을 다 삭혀 냄이란
남겨진 기억으로 무수한 세월의 몫이란다

여기 다 풀어 제치기란
이 한 세대로는 너무 짧은 것
차라리 깊은 침묵으로
내게 절인 고독을 계속 새겨 내리라

가을 새

누구라도 순결한 소원이면
아름다운 새의 노래를 부르고
오랜 추억의 터를 다듬어
해맑음 감의 정으로 선물을 나누겠다

그야말로 순진무구함이
거리에 흔적을 덧씌워
그 가식적이지 않은 진솔함 속에
존재의 갈망이 눈여겨진다

청 푸르다가 물든 낙엽
올곧게 서성이다가 꽃피우던 증언
그렇게 바람의 흔적을 여겨
지금 온몸으로 새가 되어 울고 있다

여린 감성을 엿듣고
그 여린 감성에 다가서는 흔적들
거기 풀어지는 사색의 여울
오색 빛 감성의 날갯짓 벌써 저만치다

이미 깊어진 계절

멋스러움과 스산함을 품었으니
그 속에 결로 서서 흔적이 된다는 것
저마다 갈망의 새가 되는 것이다

이 필연의 길목
이 징검다리 같은 여로 속에
저마다 소원 순결하기만 하면
누구라도 가을 새의 자리를 지키는 멋이다

억새 사리문

내 삶의 동구 밖
옹골찬 억새 사리문
바람 새로 삐드득거린다

촘촘한 억새 사리문
봄날엔 사리 대 청 빛 단장이었고
여름날엔 사리 대 두툼하게 꿈을 새겼다

동구 밖 억새 사리문
바람결이 깃든 자유의 요새이며
깊은 상념의 선율 서걱거린다

억새 사리문
성성한 문살 안팎엔
이름 모를 들꽃들 무수히 머물고 갔다

지금은
한적한 소회가 짙게 흐르고
먼먼 시선으로 깊어져 있다

내 삶의 동구 밖

갈색 진한 억새 사리문
뻐드득거리는 그리움이다

지금 내 삶의 여운
빼곡한 억새 사리문 열고
세상 저만치의 그리움을 내다본다

간헐천 2

뜨거운 열기로 하늘을 포효한다
성난 울부짖음 같다
그 뜨거운 속사정 알리듯
굳은 지천에 거친 숨을 내쉰다
누구도 그 뜨거운 열기를 잠재울 수 없다
창살 없는 마지노선을 두고
그토록 세상에 하소연하듯 한다
벌집 같은 분출구에
세상을 향한 통로로 삼고
하얀 모란 김 피워 올린 후 열기를 내친다
땅이 침묵하였을 때
삶 속에 초연함이 무디어 갔을 때
캄차카반도 깊은 계곡의 땅이 울고 있다
그 뜨거운 눈물은 절절함으로
강물이 되어 먼 길 떠나며
비로소 성난 울부짖음을 잠재워 간다

* 러시아 캄차카반도엔 쉬지 않고 뜨거운 용암이 요동친다.

바람의 역설

보이지 않아도 드러난 흔적
어떤 감촉으로 느껴지나
원함의 소원을 가로질러 나아가듯
세상의 모든 흔적 어루만지듯
에둘러 뒤척이듯
흐름의 여울로 엿보이는 뜻
어귀 어귀에 기이함으로
이제도 그렇고 나중에도 그럴 것이듯
귀 기울여 새겨 둘 울림의 깊이로
그야말로 척박함 속에
호흡 가쁜 수신호
계절의 절절함 실어
그리움 하나이듯
바람의 역설,
휘이휘이 차오른다

돼지감자(뚱딴지)

감자는 감자인데 이상한 이름을 붙여 주었지
돼지감자, 또는 뚱딴지,
하지만 그러면 어쩌랴 그저 자란 탓으로
기골이 장대한 탓으로 꽃피고
낮추어 숨어 밑 들었고
이젠 좀처럼 인기 없는 처지에
한겨울까지 그곳으로
늘어지게 기다림 갖추었지
그렇게 추억은 옛날,
알싸한 다짐의 귀감이 되어
기별 저버리지 않는
그토록 뚱딴지의 탓으로
사뭇 그리움 덕 듯
맛의 짐 꾸렸다

바람의 포구

그 어디로 주저하지 않나
떠나갈 그곳으로 목적을 헤아리는 길
머물러 있다는 그것만으로도
포구의 향유는 컸다
깊었으며 편만하였다
그 어디로 시선 새겨 두나
간만의 터는 아니다
아주 오랜 열망의 터다
그렇게 이끌려 가는 고백이여,
아직도 세상 잠든 까닭에
이쯤의 여명이라고
이토록 바람의 포구,
넌지시 새롭다

흔들려도 꽃이다

거친 비바람 속에서도
그토록 한 송이 소중한 몫으로
어느 이름 없는 곳 꽃빛으로 아름답다는
언제고 너스레 없는 그 흔적
애달프게 세상 그을려도
세월이 아껴 주고
바람결이 보듬어 주었을
흔들거려도 꽃이다

그 무엇을 바라기 이전에
그 무엇을 원하기 전에
이미 누리는 감사의 요인이여,
그 깊이로, 그 높이로
애증의 터를 힘주어 버티는 꽃이여,
사색의 길은 멀어도
기꺼이 가까운 노랫말
읊조려 행복하다

시간이 거들어 주었을 곳에
함초롬히 피어나 여린 어깨를 움츠리듯
꽃빛은 세상에 지극한 답례의 어휘,

보란 듯, 외로움 속에서
구슬프게 긷는 소원의 등잔이여,
그토록 쇠하지 않을 요량,
그곳 영원한 서술로
기꺼이 차오르는 정이다

엉겅퀴의 주소

쉬 기억하지 않았으리라
아마도 아픔이 두리번거렸으니 그것으로
이유가 되고 변명이 되어 잊힌 기억의 강을 건너듯
그 속에 사연은 이윽고 짙었어도
꾹꾹 눌러쓴 겉봉투처럼 또렷하지 않았으리라
하지만 세상의 비바람이 불고
그 능선으로 눈보라가 휘몰아치는 날에
비로소 일깨우는 꽃이었다고
아픈 가시 속에 흐르는 향기라고
비로소 찾아가는 주소지,
그 아침의 기별로 충만하였으리라
그것은 세상의 밀월이었다
좀처럼 달달하지 않았을 쓴맛 속에 맛
언젠가 우려내고 나면 그 잔에
비로소 단내 뒤덮는 맛으로
정녕 가르쳐 준 주소지였다고
세상의 엉겅퀴를 읽히는
너와 나의 친밀감,
이젠 그 아픔 어둡지 않다

자이언트 대나무

크고 단단하고 거창하다
숲을 이룬 울창함
세상의 근엄함 견주어
푸르른 낱말로 짙다

절개 어린 그 진력 속에
나머지 꽃을 부른다
하늘 높이 치솟아 오른 생명력
여실한 기억 너머의 기척이랄까?

두둑한 낭보의 가치
쉬 꺾이지 않는 기상적인 자태
시선 맞닿는 꿈
깊이로 풀어낸다

극동의 외딴섬(사할린)

거친 눈보라 그렇게 가까워도
그렇게 혹독한 시련의 일념 가까워도
그래도 세상의 행복은 가까이 삶의 긍지로 피어났으리라
그토록 혹한의 땅에서
그 혹한의 깊이로 젖어 들어
혹한 속에서 꺼내는 일생이라는 천명,
피맺힌 눈물의 망향으로
지난 시절의 고독한 추억도 바람 여울에 그을렸거니
지나온 뒤안길 그쯤에서
현재를 살아가는 삶의 밑그림들,
세상 어디쯤 누림보다 더한 값어치가 있을까?
극동의 외딴섬 사할린,
그 외로움에서
그랬음에도,
천연히 뿌리내린 삶의 이야기들,
지난한 속삭임의 실록이듯
세상의 단맛 신맛 짠맛을 두고
영롱한 가치를 캐내는 맛으로

너와 나의 그리움,

근성의 땅을 읽힌다

* 러시아 극동지방 사할린에 부치며

바람이 달리는 길

한껏 달리는 바람은
제 몫의 길에서 넘어지지 않는다
한껏 내달리는 로 엿보이는 것은
가히 자지러지는 간곡한 갈망이다
바람결이 내달리는 길은
허물어질 듯 모래의 길이고
가로막힐 듯 바위의 길이고
거친 황막함을 가로지르는,
가히 자유를 만끽하는 길이다
언제고 흔적의 실체는 감추었어도
느낌의 실체는 고스란히 깊은 숨으로 읽히는 것
그리하여 바람은 쓰러지지 않는다
단지 엎드리고 낮추며 제 몫의 갈 길 재촉할 뿐이다
누가 그 방향을 읽는가?
누가 합당한 소원의 길라잡이 손 맞잡는가?
그리하여 견주어 이를 그 향함,
모두는 바람의 길로 멈칫거리듯
그 바람을 뜨겁게 태운다

혼신의 재가 되도록 그렇다
바로 삶이란 그런 거다

* 사막을 달리는 바람에 부치며

홀로 핀 꽃

꽃으로 피어나 바람결에 흔들거리는 꽃
그 자리, 그곳으로 홀로 흔들거리던가?
아무런 연고 없이 꽃이 피던가?
시선 속에 걱정 걸러내는 꽃
아름다운 고백 속에 구슬픈 그 사연
그저 홀로 겪는 이유이런가?
살펴짐이 깊어질 때
가히 홀로 꽃이 아니라는 것을
그리운 묵시의 관심을 새겨 내고 있는 것을
그 꽃을 읽는 나그네 심사,
그저 홀로 사유의 고백이던가?
소중한 동행의 걸음, 걸음 내딛는다 하리라
언제고 저만치 놓인 약속의 증거를 가슴에 안고서
염원의 땅으로 소원지기 발등상인 것을
그렇다, 간섭의 눈길, 손길 깊어진다 하리라
유심한 세상 어귀에서
그런 이유 하나에 아픈 마음,
위로의 기도로 밝힌다

제10부

낙엽 쌓인 길로 깊어지는 그리움

낙엽 쌓인 길로 깊어지는 그리움

한사코 저만치 낙엽
찬바람에 실어내는 추억의 등잔
태우고 태워도 좀처럼 꺼지지 않는 불꽃처럼
가슴앓이 피워 내는 열병,
눈을 뜬 감촉으로
어떤 묵시를 읽어야 하는
낙엽 쌓인 길은
깊어 가는 부엽토의 균형이다
어쩌든 무례하지 않은
정적의 헤아림이듯
바람결이 외는 뜻,
그토록 여운의 터로
염원의 연민이랄까?
다시금 영광의 경청이려니
낙엽 쌓인 길로
그 여정의 그리움
밀월로 흩뿌려 둔다

밥 한술

햅쌀이라고 했다
쉽게 말하자면 올해 나온 쌀이다
분명 밥맛이 다르다, 그 밥을 짓는 데는 분명 노하우가 필요하다
물은 조금 적게 그리고 나면, 요즘 같은 압력밥솥에
그야말로 살맛 나는 밥으로
그 향기,
그 밥맛은 절대 고독을 채운다
그 한술의 의미를
어떻게 하면 절절할까?
모성은 언제나
식지 않는 뜨거운 가슴으로
지워지지 않는 표상으로
밥맛을 지어내며
자식을 부른다

흰개미집

그 집은 광야의 너른 토성
그곳에로의 금자탑이다
힘겹게 퍼 올려 이룬 기적
생애 경이로운 숨결이 묻어나는 경청의 물끄러미
왕개미, 일개미, 아마도 일사불란하게 탑의 중심은
집의 골격으로 높아져
창밖의 세상을 엿보았으리라

섬처럼 듬성듬성 또는 등대지기 망루의 성터
누구도 무너뜨리기 쉽지 않을
사막의 요새가 되었으리니
그토록 기막힌 여설로
모름지기 드러난 흰 개미집,
그 처소의 기도는
누가 이끌어 내나

세상 흔적의 저마다 본연에 충실이라지만
여운의 마지노선은 끝나지 않았으니
작디작은 군병의 숨결 뒤섞여
세상의 하루 그 초로의 어휘는
흰 개미집 너머로 깊어졌을

광야의 노을빛 시선,

어떤 설렘의 이유이나

* 2017년 12월 5일 서호주, 아웃백 평원에 흰 개미집 군락에 부치며

산 여울

가을과 겨울은 그 기온 차로 분명한데
짙푸름 새겨 둔 소나무의 군락지는
기슭의 평온으로
천연히 거들어 일깨우는
정념의 깊이를 품었다

저곳으로 바람결도 차올라
무수한 입김처럼 묻어나는 우직한 산 여울
아득한 그날에 목적으로
그렇게 여겨야 하듯
고적한 묵시다

청청함을 주문하고 두둔하듯
그토록 풍경의 멋을 헤아리는 것
가히 세상의 휜함 그 유일한 청렴의 중심으로
여울 가 뒤척여 바라는
생애 이유 잠긴다

생애 삶의 가치는 틈새다
그 어디 시선 가득 차오른 다짐,
우직한 산 그림자 짙도록 저렇게 하늘가

마주 선 기척으로
오늘이 주어진 터이다

세상 순례자의 노래여,
어언 그날에 이르기까지라고
쭉쭉 내뻗은 기별의 자태 합당한 읊조림
그 어떤 이력 뛰어넘는
숭고한 밀월의 가치다

골목길 낙서

저기 아득히 빛바랜 추억이다
스쳐 가는 귀로에 그 무엇을 풀어낸 뜻으로
익히 아는 까닭이라고
그렇게 검게 그을려 있다는
어느 낙서,
골목길로 굽이굽이다
그곳으로 형언의 향수 흐르고
바람결이 외는 깊이로
움츠러든 영혼의 만감이란 듯이
여김의 그 골목길 따라
언젠가 돌아올 추억일까?
아마도 훗날 청춘은
그 길을 되짚어
아득한 입김으로 서서
다시금 한 중심의 낙서로
시절의 꽃 피우리라
그윽한 향유 남기리라
가히 그리하리라

경계선의 역설

겨울 바닷가에서
그려 보는 추억의 밑그림이랄까?
너른 바다의 터를 간직한 명사십리 낭만의 사색으로
축복의 땅을 거류하려는 몸부림,
굵직한 띠를 두른 듯
그야말로 물끄러미 돋우어
거칠게 밀려와 부서지는 파도의 고백,
하지만 거기까지다
금빛 모래톱이 있는 그 지점에서
그만 거친 숨 가쁨 사위어
울림의 여운 남긴다
바다는 그렇게 천년만년
아직도 그 뜻을 내비쳐
여전히 깨어날 가치,
경계선의 도록이다

* 겨울 바다의 소리를 들으며

못다 한 내 사랑

그 어디까지 왔냐고 하지 마라
그저 여기까지 왔느니
바람처럼 흔들거렸어도
그 깊은 중심의 하나
서글프게 가다듬어 왔느니
그토록 속삭이던 날들
기슭에 정담으로
거리에 애수 읊조리노라

가지 못한 시간은 아직
내게 정으로 남았느니
그늘 그 어귀에서도
바라는 꽃빛으로
헤아려 애달픈 이유거니
풀어낼 기별로 흐르는 것
눈시울 정점으로
나는 사랑하노라

그리워, 그리워하다가
그러다 마는 사랑이 아닌
기다리다, 기다리다가 잊어버리는

그러다가 식어 버리고 마는
그런 어설픔이 아닌
뜨겁게 가슴 태우는
그 못다 한 사랑
아직 내게 남아 있노라

레몬그라스(lemon grass)

향긋함을 안고 건너왔다
저만치 동남아 열대지방에서 자라다가
뜻을 품고 맛을 품고 여정을 품어
이국의 땅으로 음료의 여울로
그 땅에 그리움 새겨와
이곳에 펼치며
서정의 터를 거든다

정이라 그렇게 묻어나는가?
세상 어떤 제조 과정 속에서도
고스란한 그 원형의 풍미를 간직하여
전달된 까닭이여,
작은 병 속의 터를 깨우면
이윽고 맛으로 외는
건너온 사연이다

세상 그 어디랄까
그렇게 정제된 고백이거든
삶이 번지는 곳곳마다
그 같은 이유는 아름다운 것
맛을 뛰어넘는 그리움 속에

추억이 서린 곳으로

향유의 정 새롭다

* 레몬그라스: 동남아 지역에 자라는 외떡잎식물로 벼목 화분과의 여러해살이풀,
  세계 3대 수프인 태국의 톰얌쿵에 들어감

바이칼

바다가 아닌 호수
수평선 읽히는 호수에는
철썩철썩 바다의 소리가 들린다
검푸른 청옥의 숨결로 내쳐온 바다의 그 소리
바다의 그리운 향유를 간직한
그 바다의 꿈을 꾸게 한다

호수의 맑음과 그 깊음
까닭에 까닭으로 절절한 현상의 갈무리
얼마큼 감사의 기도 드려 보았던가?
세상의 너른 호수
충만하게 펼쳐 두고 바라는
또 한 번의 기회다

나그네 길 여정의 하모니
거룩한 낭만의 만족으로 뒤척여
헤아려 나갈 기막힘이다
여쭈어 보았던가?
흔적이라는 진심의 숨결로
고백의 축복이다

바다 같은 호수에서
세상의 소리라고 기도하였던가?
가까이 기억의 바다로
그토록 채워 갈 여지의 강청,
가슴앓이 깊고 높게
하늘 채우라 한다

* 러시아 바이칼 호수의 깊고 넓고 푸른 역설에 부치며

꽃이 와서

그 언제쯤이냐고
애써 묻지도 않았다
그저 시절이라서
오롯이 피어 있는 것이라고
느껴졌다

그쯤에 바람결이
그 향기를 퍼 가고
이슬도 퍼 가고
아름다운 여운의 한마디
남기고 있었다

그 꽃은 거울이었다
그저 바라는 꽃이 아니라
지난한 사연 내비치는
그 자리, 그 꽃
바람이었다

* 화순 남면 바람 소리, 디저트 카페에서

베수비오 화산(이탈리아)

검은 그을림의 깊이로
자그마치 오솔길 지금은 오롯이 내주어
그토록 입김 뜨거웠던 추억
문밖의 여정으로 부른다
저만치 폼페이, 스러져 간 기억까지
어떤 여쭘의 영성이듯
거슬러 지금껏
적나라한 망루의 기점이다
검은 기별의 눈동자로
고쳐시키는 상상력
태워버린 과거 속에
아직 이글거릴 듯이다

* 이탈리아 폼페이 추억으로 저만치 베수비오 화산을 향한 기억에 부치며

흰꽃나도샤프란

이제야 너를 알았다
허름한 꽃밭의 하얗게 피어난 정석으로
우러름의 뜻 깊구나
정갈하다는 말이 그처럼 세월 어귀에 그리 쉬우더냐
하지만 보란 듯 엿보여
잠시 나그네 길 쉼으로
만향의 달빛 어린다

그토록 청순함 끝에 애틋하도록
청초함까지 곁들였으니
꽃이라는 명제를 긷는 이유,
나그네 길 여지의 숨으로 짙어지는 것
더욱 설렘의 가슴 어리는
오롯한 그리움의 향기로
세상 희망의 등경이다

그렇듯 세상 귀결에 축복이 되려 함
어언 하늘 아래 풀어내야 마땅한
담담하고 소담한 경청의 노래는
하루하루 두리번거리는 곳에 향함의 진척이거니
처음 읽힌 꽃이라지만

이젠 오랜 정담의 망루

시선의 기다림 짙다

* 흰꽃나도샤프란: 외떡잎식물, 백합목 수선화과의 여러해살이풀

솔바람

울창하게 휘감겨 스친다
솔밭의 바람, 조금은 스산함 곁들여
여운의 바람 소리다
마치 웅비의 서술처럼
질곡의 삶터 흘러내리는 여울이다
어쩌면 기골이 장대한
소나무 숲에서
피리 소리 엿들을 수 있는
그리운 시나브로,
추억의 심지를 태우려 할까?
흔들거려도 늠름한 소나무
숲으로 정직한 사이
고진한 솔밭의 바람결로
마침 수놓는 정담,
끝내 서려 둔 오지의 낭만으로
도시의 강을 엮어
내쳐 외는 기별
솔바람 감촉이다

* 부산 부경대 캠퍼스 웅비관, 소나무 숲에서

무화과

한 송이 무화과로 맛과 꽃과 추억과 소중함까지
끈적끈적한 헤아림
세상 그리운 지중해의 바람이랄까
처음 가졌던 지긋한 향유로
세상의 이끌림까지
무력하지 않게 되새겨
세상 진정한 결실의 가치랄까
맛을 아는 이상,
그 나무로 여쭈는 언약이듯
경청의 경각심은
세상 열매 있는 나무로
계수의 묵시다

수크령

길가에 질긴 생명력으로 정평이 나 있다
풀숲의 그 사연이 예로부터 돈독한 흔적이었으리라
그 숲으로 섬을 만난다는 것은
애끓는 낭만으로 이끌려
저만치 내다봄의 그리움 가까이
그 한 소절 가다듬었으리라
어쩌면 그토록 사뿐히
바람 여울에 고증이 되어
청초함의 터를 어루만지는
순수한 뒤척임의 기여로
오랜 굳은살 같은
추억으로 쉬 사위지 않았으리라
수많은 낱말이 흩날려도
오직 하나의 오솔길
애달프게 나아가듯
낙엽 거드는 사색의 길로
잡초의 명제라지만
쭉쭉 뻗어나가야 한다는

뜨거운 삶의 연민

굽이쳐 흐르게 한다

* 수크령: 길가에 질기게 자란 풀

슬픈 메아리

소리소리 사라진다고 사라질까?
흔적 잊는다고 잊을 수 있을까?
아프고 슬픈 이야기 한 터울 바람결이 되었거니
멀고 먼 소원의 그림자 얼마큼 더 하런가?
세상살이 그만큼의 기억 홀연히 내비쳐 거뒀음이라
진토 속에 눈시울 그 언제쯤 마를까?

이별이다. 이별이다
남은 자의 기도여!
아직 살아갈 자의 고백이여!
그리운 한마디 진실하지 않을 터인가?
먼발치 까닭이런가?
가까이 가슴 헤집을 사랑의 근원이 아니런가?

그런 원함이다. 바람이다
문득 부득불 애끓는 메아리
너와 나의 절규였다
이 땅에 한이 맺힘이다
소리소리 슬픈 메아리
가슴 가슴에 서린 몫이다

천하 세상을 향하여
그처럼 부르짖었다 할까?
그 사랑이, 그 사랑이
서로에게 견중이어라
가슴 가슴에 사무침이어라
세상 모든 이의 아픔이어라

가을 은행지기 앞에서

이끌어 낼 저 가치는
시절의 움집으로 두둑하게 차오르고
흩어지는 달별의 외침 소리는
적나라한 표상의 이치다
그렇듯 은행나무 가로수 길에서
참으로 금고지기,
구릿한 냄새를 풍기는
서술의 정을 엿본다

저기, 마땅한 가르침이
새삼 어떤가?
그윽한 숲의 정점 속에서
빚어지는 은행나무,
그토록 향기로운 정체성,
그리 달갑지 않아도
오랜 소원의 길로
세상 돋보이는 자리다

이젠 가을 입김으로
수북하게 낙엽 지는 거리를 표방하며
충만하게 펼쳐질 그것,

바로 나그네 길에 충족한 일깨움,
그리움 뒤척이는 날에
세상 금고지기 나무,
갈바람에 읊조리듯
소원의 터 그을린다

* 은행나무, 가로수 길에서

들국화 언덕에서 3

누가 업신여길세라
숨어, 숨어서 피운 아름다움인가
고이 간직된 기별의 숭고한 숨결인가
이슬 젖어 이끌림 갸륵함인가
언제고 바로미터의 소중함 바람 여울의 언덕이다
꽃은 꽃인데 누가 화사하지 않다 하던가?
어느 순간 기대고 싶은
그 깊은 속내 들국화의 미소다
바라는 기별이여,
누가 깨어나 일어설 읊조림,
깊어 가는 계절로
언덕의 시선은
영원한 연민의 노래,
새겨진 묵시,
다시금 지어 부른다

홍시

참, 다행이다
저렇게 잘 익어 내민 홍시
약 한번 쓰지 않고도 건강한 홍시
겉은 까뭇한 자국이 있어도
내심 든든한 다짐,
그 흔한 가식적인 약 한번 쓰지 않고도
그렇듯 달달한 맛으로
나설 수 있다는 것,
탐스럽게 결실 그 너머
이렇게 하늘이 돋보이는 날,
참, 가을 아침이
새롭고 신기하다

철새에게 돌아오는 것

어쩌면 낡은 몫을 챙기려고
그렇게 생존의 가치를 얹어 바다의 바람으로
거친 광야를 날아서
그리운 둥지를 탐하지 않았을까?
그것은 최소한의 생존권을 탓하지 않는다
부여받은 본성의 이미지를 두고
세상에 날 선 경쟁 속에서도
느긋하게 나서는 친근함의 벗이다
누구든 따지고 보면
철새를 생각하지 않을 수 없다
아마도 찬바람 스치는 저 가을 끝으로
높낮이를 가늠할 것이다
하지만 새는 날아올라도 그저
높이 날지 않는다는 것
그래 봤자 의미가 없는 것
철새는 그쯤의 순리를
죄다 몸에 간직하듯
느긋한 세상에 비결을 휘저어
어쩌면 남루한 들녘에 바람으로
그렇게 구구구,
부리질 가볍지 않을까?

철새에게 돌아오는 것은
그렇게 또 하루,
한계치의 행복이다

그대에게

어쩌면 나보다 더 그리운 사람아,
그런 마음 숨기지 말아요
어쩌면 나보다 더 외로운 사람아,
그런 민낯 외면 말아요
세상 골 깊은 그 어느 곳이라도
스치는 바람결은
때론 훈훈함,
때론 거친 맹주,
그대여, 그래도
치켜세운 향함의 길로
세상살이 값어치라고 할 그것
거들고 있다는 흔적,
그 형언 새겨 두어요
어쩌면 나보다 더 아픈 사람아,
차가운 이슬이 내리고
거친 목마름이 묻고
구슬프게 추억 깊어져도
이렇게 살아 숨 쉬는 위로,
그 위로에 하나,
그것은 우러름이라오
어쩌면 나보다 더 고독한 그대여,

그 외마디 끝에
행복으로 들려주오

시계 꽃

세상살이 시침과 분침과 초침을 생각한다
생각의 간극을 하나로 묶었다
삶의 근원적인 원동력을 측정하는 유심한 흔적이다
하고 많은 꽃 중에 시계 꽃,
가까이 상징의 몫으로 섬세하다
가슴이 얻는 나침판의 중심이듯
곱고 그리운 이야기 속에 소원의 긍정으로
기억의 반향 넓히고 있다
꿈으로 피어나서 꿈을 가리키는 결실,
시절의 소리가 되고 있다
주렁주렁 매달린 꽃을 사유할 행복
가히 땅에 떨어지지 않는 아름다움이다
삶의 골짜기를 가꾼다
꽃 속에 서린 숭고한 시침,
째깍째깍 숨결이다

눈물의 그림자

겉으로 눈물 보이지 않아도
속으로 뜨겁게 흐르는 눈물이 있다
아픔의 시간을 닦달하여 왔을 테이고
촉촉하게 적서 이르는 감흥의 그늘이었을 테이고
그리운 세월의 목도가 되어 눈시울 비롯되었다는 것
그렇듯 알아차릴 수 있음이 사랑이다
삶의 애환을 가다듬어 이를 까닭들,
기도가 되었을 테이고
간곡한 과정의 울림이었음이다
그렇다, 목 놓아 울음 내비치지 않아도
그렇듯 가슴앓이 짙었거니
눈물은 짜고 인내는 쓰다는 것
속 깊은 눈물의 그림자를 풀어낼 것이다
겉으로 말하지 않아도
속으로 더욱 애틋함의 역설
눈물은 그리운 문안이다
눈물의 그림자
그렇듯 눈물은 뜨겁다

고독의 문양은 있는가

없는 듯이 분명하다
깊은 상념의 깊이로 서리고
쓸쓸한 외마디 몫으로 곧이 서리고
읊조려 묻어나는 피안이듯
누구에게나 저버릴 수 없는 그리운 시간의 줄거리다
없는 듯이 새겨지는 고독한 문양,
색은 바라듯이 더욱 짙은 색감으로 고결한 가치라고
모든 가슴앓이 행복감을 빚는 것이다
화려하지도 않지만 그렇다고 남루함도 아닌,
지평을 여는 문양의 도록,
고독은 지난한 색을 남기는 것이다
그 몫을 인생의 계절로 가다듬게 하는 것이다
그것은 삶이 여미는 시선이다

해바라기 꿈

꿈꾸다 가는 거지 뭐
그저 살아가는 거지 뭐
세상 그 어디라고 다를까?
해 아래 그림자 엮어 내는 거지 뭐
살아 숨 쉬는 것이 해바라기 꿈이 아니던가?
그저 해 아래 기억 풀어내는 거지 뭐
진실은 신실이다
있는 그대로의 행복을 노래하는 거다
그렇듯 아름다움이라고 말하는 것이다
그 흔적이라 말하는 것이다
그렇듯 영광을 노래하는 거지 뭐
슬픔과 기쁨을 과정으로 겪어 내는 거지 뭐
언제고 해바라기 꿈
하지만 그 내일이 밝다는 것
그렇게 꿈꾸는 거지 뭐

진짜 그리움은
꺼내지도 않았다

ⓒ 서운근, 2025

초판 1쇄 발행 2025년 10월 29일

지은이	서운근
펴낸이	이기봉
편집	좋은땅 편집팀
펴낸곳	도서출판 좋은땅
주소	서울특별시 마포구 양화로12길 26 지월드빌딩 (서교동 395-7)
전화	02)374-8616~7
팩스	02)374-8614
이메일	gworldbook@naver.com
홈페이지	www.g-world.co.kr

ISBN 979-11-388-4850-3 (03810)

- 가격은 뒤표지에 있습니다.
- 이 책은 저작권법에 의하여 보호를 받는 저작물이므로 무단 전재와 복제를 금합니다.
- 파본은 구입하신 서점에서 교환해 드립니다.

전라남도 JeollaNamdo   전라남도 문화재단

- 후원: 전라남도, (재)전라남도문화재단
- 이 책은 전라남도, (재)전라남도문화재단의 후원을 받아 발간되었습니다.